JN318974

中村好文
竹原義二
伊礼智

宅建築家
人三様の流儀

X-Knowledge

はじめに

２０１３年12月7日、鹿児島の工務店が「住宅をつくる仕事の素晴らしさをもっと多くの人に知ってもらいたい」と、住宅建築家の中村好文・竹原義二・伊礼智を招き、フォーラムを開催しました。これが本書の企画の発端です。

3人は、それぞれで親交はあったものの同じ場所に揃って話をするのは、このときが初めて。このありそうでなかった機会を逃さんとばかりに、全国から多くの学生や実務者が集まりました。会場では、さまざまな質問が3人に投げかけられました。なぜ建築家になったのか、どんな少年時代を過ごしたのか、おすすめの旅先はどこか…etc。3人の回答は、三人三様。同じように建築が好きで、「住宅建築」を主戦場とし、人の暮らしと向き合い、住宅をつくり続けてきた3人。そこには設計という仕事を通して培われた住宅論があり、三人三様の流儀があったのです。

本書は、このときの3人と参加者との対話の記録をもとに企画を発展させ、1冊に仕上げました。フォーラムだけでは飽き足らず、お互いの設計した住宅を訪ね、呑み会という名の鼎談を数回行い、その内容も収録しました。3人がつらつらと本音で語り合う、温かくて滋味豊かな会話を、彼らと一緒に杯を酌み交わしているような気持ちで楽しんでいただければ幸いです。

もくじ

プロフィール

竹原義二
伊礼智
中村好文

竹原義二

建築家。1948年生まれ。建築家石井修氏に師事した後、'78年無有建築工房設立。'96年「鴻巣の家」で村野藤吾賞、2010年「大阪長屋の再生」で日本建築学会教育賞を受賞。'00～'13年大阪市立大学大学院教授。'15年摂南大学理工学部教授。近年は住宅をはじめ、幼稚園・保育所、障がい者福祉施設、老人福祉施設など、住まいの設計を原点に人が活き活きと暮らす空間づくりを追求。著書に『無有』(学芸出版社)、『竹原義二の住宅建築』(TOTO出版)など

Takehara Yoshiji

誕生日 1948年

血液型 A型

出身地 徳島県

趣味 帽子を集める

伊礼智

建築家。1959年生まれ。'82年琉球大学理工学部建設工学科卒業。'85年東京藝術大学美術学部建築科大学院修了後、丸谷博男＋エーアンドエーを経て、'96年伊礼智設計室を開設。2006年「9坪の家」、'07年「町角の家」でエコビルド賞受賞。'13年に「i-works project」、'14年に「守谷の家」でグッドデザイン賞を受賞。主な著書に『伊礼智の住宅設計作法』（新建新聞社）、『伊礼智の住宅設計』（エクスナレッジ）、『伊礼智の小さな家70のレシピ』（エクスナレッジ）など

Irei Satoshi

誕生日 1959年

血液型 A型（Rh－）

出身地 沖縄県嘉手納町（米軍基地のとなり）

趣味 料理、旅行、散歩（飲んで食べて歩いて）

中村好文

建築家・家具デザイナー。1948年生まれ。'72年武蔵野美術大学建築学科卒業。設計事務所勤務の後、都立品川職業訓練所木工科で家具製作を学ぶ。'81年レミングハウス設立。'87年「三谷さんの家」で第1回吉岡賞受賞。'93年「一連の住宅作品」で第18回吉田五十八賞「特別賞」受賞。'99年より日本大学生産工学部建築工学科教授。主な著書に『住宅巡礼』(新潮社)、『意中の建築 上・下』(新潮社)、『普通の住宅、普通の別荘』(TOTO出版)、『建築家のすまいぶり』(エクスナレッジ)など

Nakamura Yoshifumi

誕生日 1948年

血液型 AB型

出身地 千葉県九十九里町

趣味 仕事(←本当デス)/旅/昼寝/鼻歌/口笛/替歌の作詞

写真

第一章	小川重雄／『和モダンvol.6』（新建新聞社）（p015、p025）
	新建築社写真部（p016、p020、p023）
	絹巻豊（p019、p028、p030〜038、p042、p046、p048）
第二章	迎川利夫（p054、p055）
	上田明（p57、p59）
	黒住直臣（p060左）
	西川公朗（p060右、p061、p062〜p083、p087〜089、p091、p093）
第三章	雨宮秀也（p101、p105、p107中段中、p112〜119、p123下、p124、p127上、p128、p130、p133、p135）
	白谷賢（p107上段、p109）

対談取材	金田麦子
	杉本薫
対談撮影	渡辺慎一（p007〜009、p141、p147、p149、p163）

題字・絵	望月通陽
デザイン	川島卓也
印刷	図書印刷

第一章

竹原義二の仕事

I

住宅は町の宝物

住宅を建てることは、町づくりでもある。私の師匠・石井修先生は、よく「建築家は1軒の建物ではなく、その周辺のこと、ランドスケープも含めた空間づくりをしないと、環境（町）はよくならない」と話していました。庭の木も、窓も、家のかたちも、住人のもののようで、そうではなく町の一部、社会の一部なの

右下）目神山の自然豊かな町並み。どの家も表通りに建物が見えてこない
左）石井修邸の居間。まるで大地に根ざしているような2本の丸太柱が建物を力強く支えている

です。住宅をつくりながら、町がよくなることも考える——、設計するときに最も大切にしていることの1つです。しかし、多くの人が、家をつくることにとらわれすぎて、町への配慮、町への責任を果たしているかというと、どうでしょうか。周囲を眺めれば、その答えは町の風景に表れています。「近寄るな！」と言わんばかりに人を寄せ付けない無愛想な住宅、自分さえよければいいという形やデザインの住宅がなんと多いことか。

かくいう私も若い頃は、外部には目もくれず、建築家は建築だけをつくったらいいんじゃないかと思っていました。しかし、石井先生のところで、徹底的に庭をやらされ、家と外部の関係、敷地と周辺環境との関係がいかに大切かということを学びました。プランをつくるときには、外部（自然）をどう取り込むかを考え抜き、それがおのずと敷地を読み解く力となって、今の自分に培われてきたように思います。

石井先生の代表的な作品に「目神山の一連の住宅」がありますが、その最初の「目神山の家1」（石井修自邸）は、ぼくが先生の下で設計を担当しました。この家は、阪神間の山手にある冑山の懐、標高200mの高台にあり、その地形に従うように、道路から東に向かって落ち込む急斜面に建っていました。そのため道路からは、家は見えず、山の緑のなかに埋没しているかのように自然と一体になった建築でした。

その後、目神山に次々と先生が設計した住宅が建ち（最終的に20棟完成した）、美しい町並みをつくりあげていきます。個々のコンセプトは違えど、それらの住宅は目神山の風土に根ざしたつくりという点で共通しており、その姿が一連となって、町に溶け込んでいたからこそ、そこに住もうという人々はごく自然の流れで先生に設計を依頼したのだと思います。

建築が群れとなり、環境を整えていくということを、若いころに身をもって体験できたことは、とても幸せでした。

道行く人が、軒下で雨宿りしたり、庭先に座って一休みしたり、日本の古き良き住文化には、町や人を受け入れる、おおらかさがありました。また、お隣との兼ね合いを考えて、境界付近では遠慮したり、ぎりぎりまで敷地を使っても、その場を共有する寛容さをもっていました。つくり手は、敷地に対する建物の建ち方や窓の開き方、アプローチや玄関、ガレージのつくり方、庭や塀、緑の植え方にも配慮する。住まい手は、敷地の一歩外まで出て、掃き掃除をしたり、落ち葉を拾ったり、水を打ったりする心遣いを忘れない。こうしたことの積み重ねが、町と家の関係を築き、家も人もその土地に根ざしていくのではないでしょうか。

住む人にも町の人にも、優しいつくりを心がけたいものです。住宅は、住む人の宝物であると同時に、町の宝物でもあるのだから。

「緑町の家」の南側の外観。2階にはガラリ戸を開放された外室がある（2011年竣工、宮嶋工務店）

緑町の家の敷地北側は、タマネギ畑。生産緑地となっているが、それが解除されれば、住宅地に開発される可能性をもつ。町並み・風景が変わったとしても、町に溶け込むような、変化に耐えうる佇まいを目指した

II

小さな家と余白

住宅の仕事で、最も面白いのは、建て主のためにプランを考えているときではないでしょうか。

その場のもつ空気（場がもつ力と言ってもよいかもしれません）を読み解き、その場所に住むということについて徹底的に考え、気候をはじめ地形や植生などさまざまな土地固有の要素を考慮して、住まいの形を導き出していきます。加えて、延焼ラインや斜線制限などの建築法規制をクリアしながら、もう少し建物を端に寄せて余白を取ろうなどとあれこれ考えていくうちに、おのずと建物の輪郭が浮かび上がってきます。

ほとんどの建て主が、敷地の大きさに合わせて、できるだけ大きな家を建てたいと言います。しかし、大抵の場合は予算を聞くとそんな大きな家は建てられないので、最初から思っているよりも、ひと回り小さく建てることを提案するようにしています。コンパクトな家は住みやすいものですし、何より建物を小さくすると敷地に余白が生まれ、かえってプランの幅が広がることもあり、いろいろなことが上手くまとまるのです。

2階の家族室の一画に4畳の外室を設けている。ガラリ戸を閉めれば、風通しを確保しながら、外部からの視線も遮断できる

緑町の家は、島のように点在したロフト（小屋裏）の床面で剛性をとっており、2階には水平の梁がない。小さな空間がつながり、重なり合って、ひとつの住空間をつくっている

小さな家を設計するときには、それぞれの部屋の単位を小さくし、四畳半をベースにした正方形でつないでいきます。台所、食堂、居間、寝室、子供部屋、和室…すべてを四畳半以下にしてつないでいくと、9m前後の正方形のプランにまとまります。

日本の住宅は、古来、平屋を基本とし、小間を連続させていくことで平面的な拡がりをつくり、そこにつなぎの間となる縁側や坪庭を配置することで外と内をつなぎました。外部空間を取り入れ、空間の奥行や開放性、回遊性をもたらしたのです。

現代では、2階建てが主流ですが、考え方は同じで、小さな部屋どうしをずらしながら重ねていき、断面的にも外部空間をどう取り込むかを考えます。こうして正方形を基本とした部屋を点在させながら、水平につなぐ廊下と、垂直に昇降する階段によって、住宅は立体的に構成されていきます。

さらに部屋と部屋の間に、風や光が流れ、人もすっと通れるような場所（余白）をつくって空間にメリハリをつけていく。家のどこにいても家族が何気なく会話でき、何となくつきあっていけるような、10年後、20年後も家族のつながり方に融通の利く、そんな仕掛けを散りばめる。こうして、リズミカルな空間が生まれてくるのです。

たとえ狭小地であっても、外部と内部をつなぐ余白を住宅のなかにつくるこ

「緑町の家」
断面スケッチ

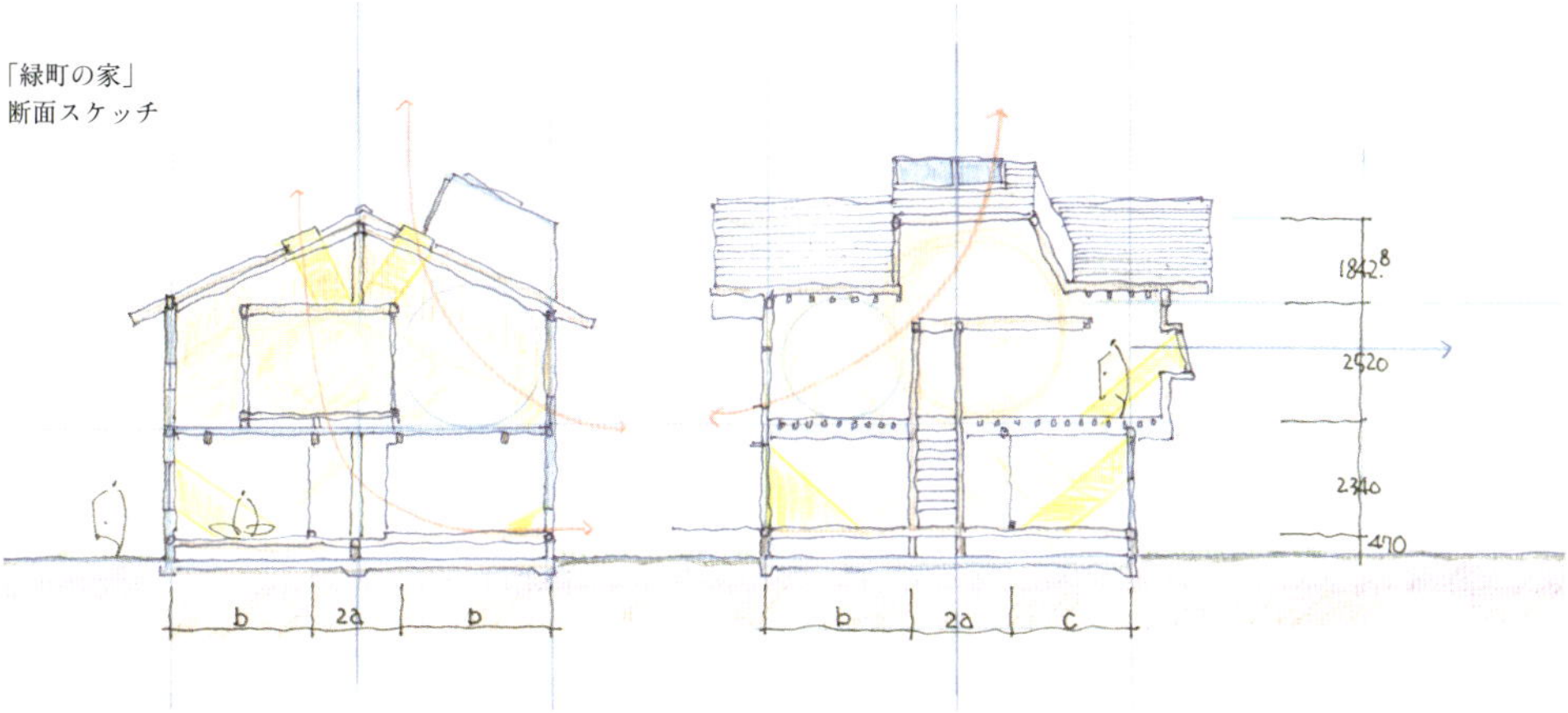

とから始めます。余白が住まいに回遊性をつくり、小さな家の中にも無限の拡がりを生み出します。ちなみに後で紹介する自邸「101番目の家」では、廊下や階段を外に配置して、内外が交錯する回遊動線をつくりました。

小さな空間、大きな空間、開放的な空間、閉鎖的な空間、空に近い空間、地面に近い空間、光に満ちた空間、闇に包まれた空間、内なる空間、外なる空間、そしてそれらの狭間で揺らぐ余白なる空間…。こうしたさまざまな空間をつくることで、時間や季節の変化、家族の移り変わりに応じた住まい方が可能になるのです。

22頁は、「緑町の家」の最初に描いたスケッチです。正方形を動かしながら、各部屋が大きな正方形の中に包まれていき、それが家形をなしていく――分かってもらえたでしょうか。

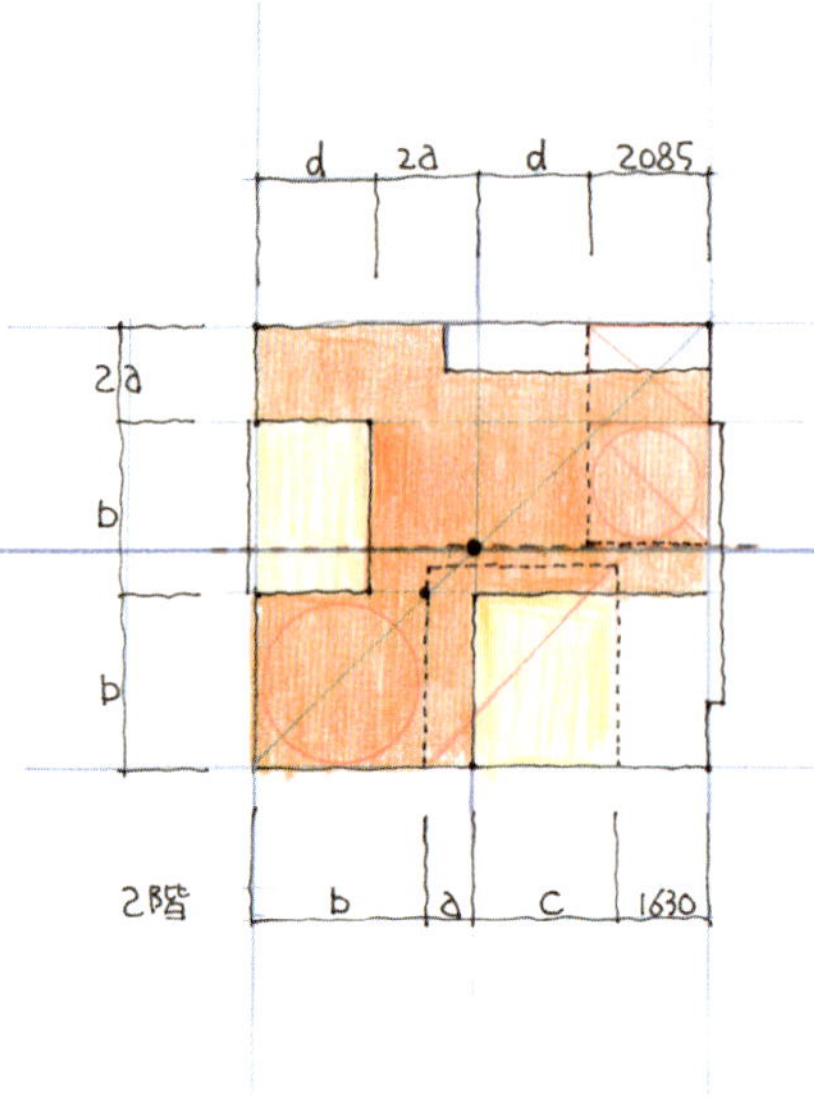

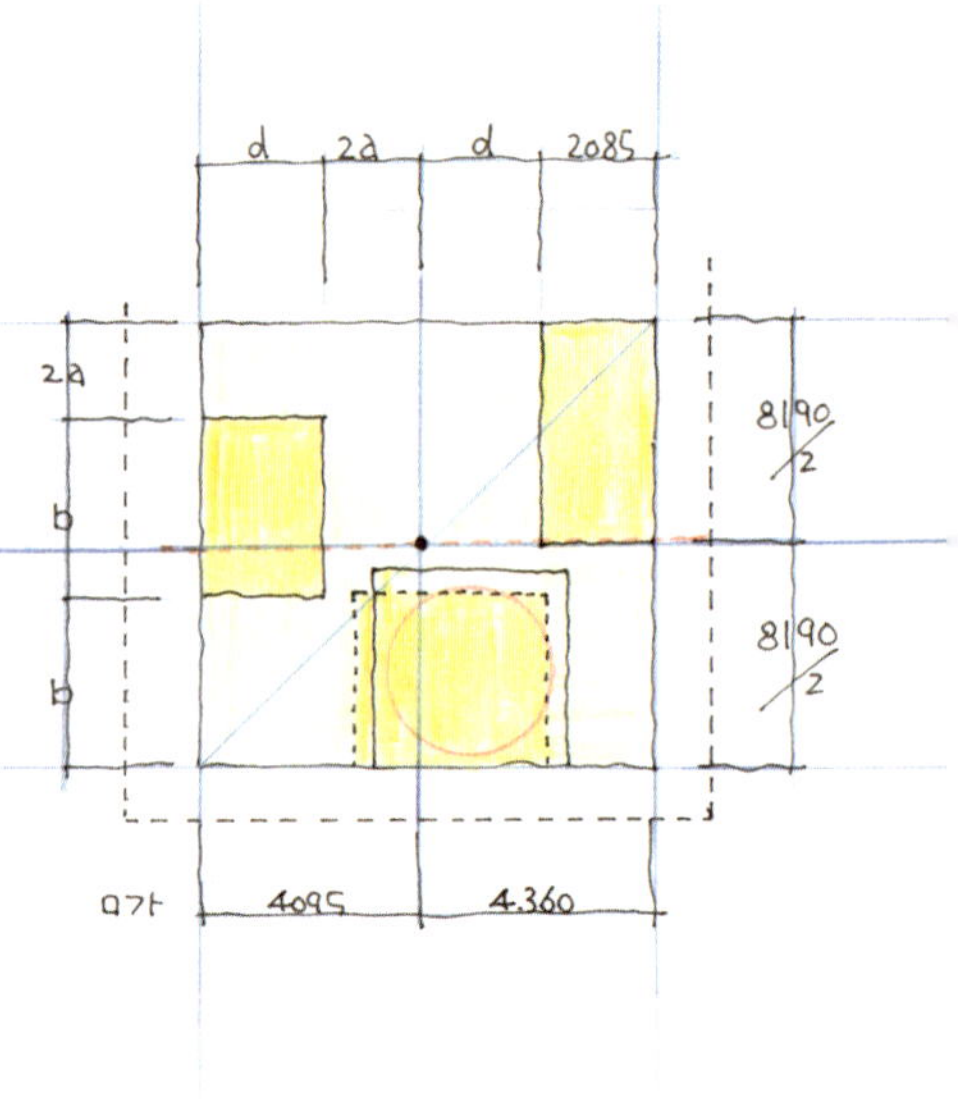

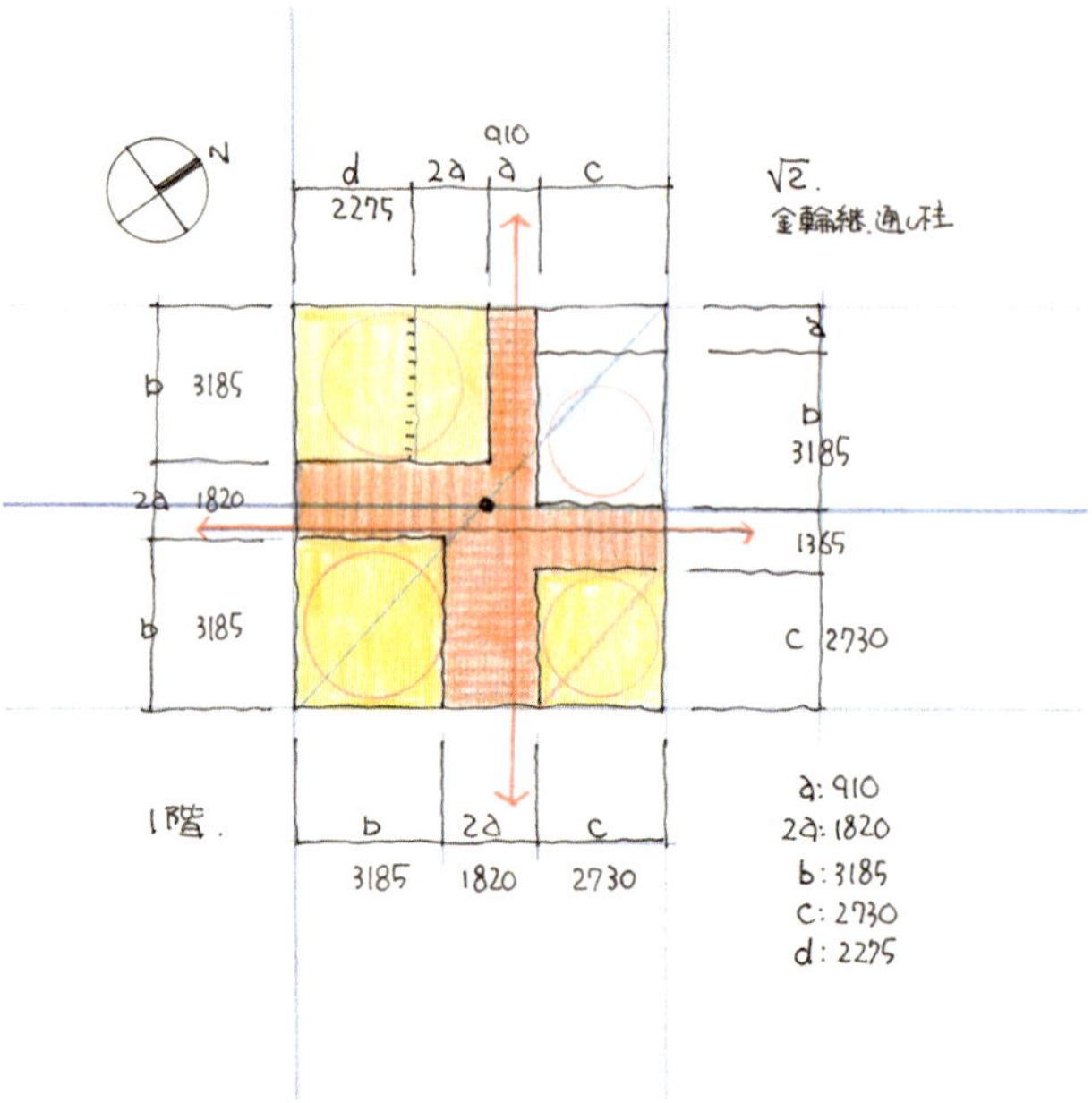

平面は、白銀比（ルート2）の比例配分の寸法から8190mm角の正方形プラン。1階は大黒柱を中心に田の字型に4つの小間を分散させ、柱を起点として十文字型の廊下が各部屋をつないでいる。

通し柱を中心に1階の光が
十字を描く幻想的な空間

小間はすべて4畳半の正方形。各部屋には、上がり框を立ち上げ、敷居をまたいで入る。小間は建具によって仕切られ、閉じたり開いたりすることで空間にメリハリをつくっている

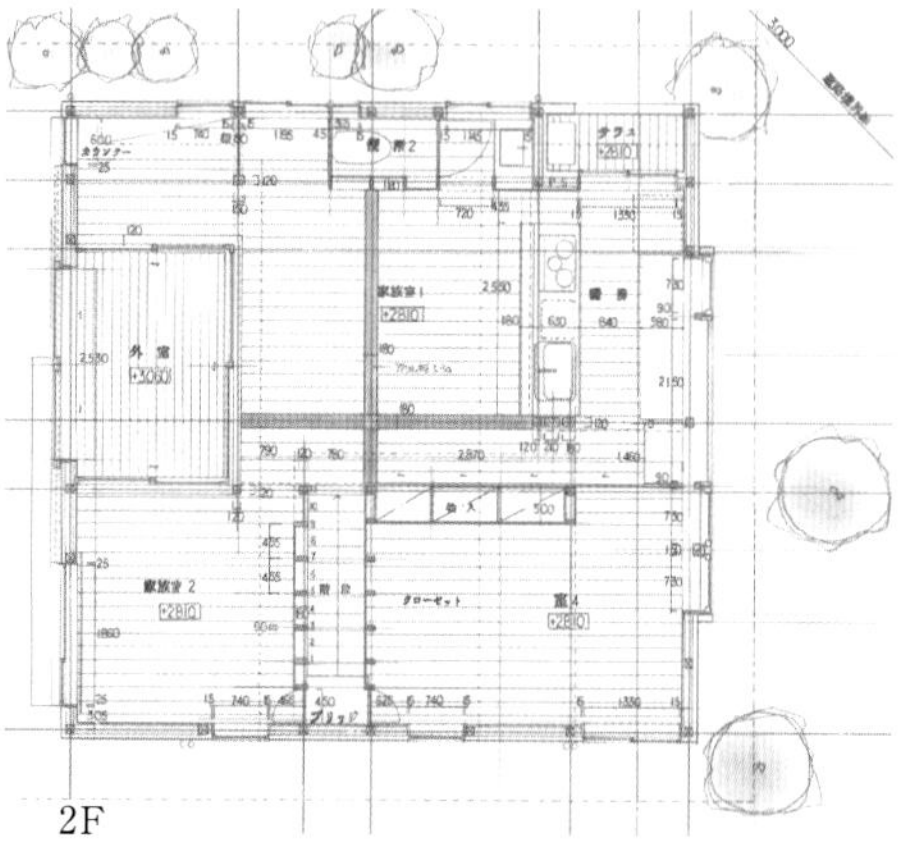

2F

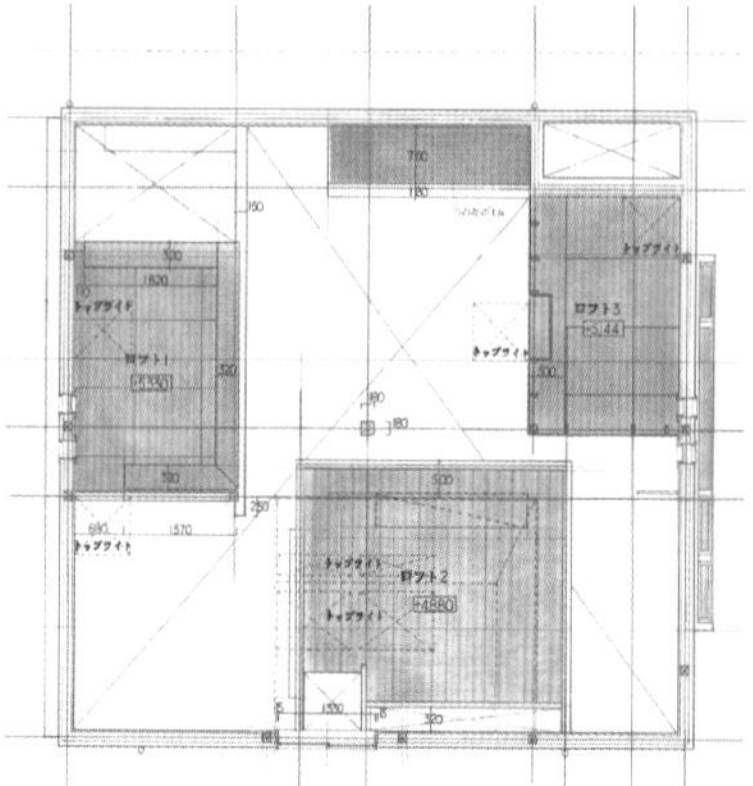

LOFT

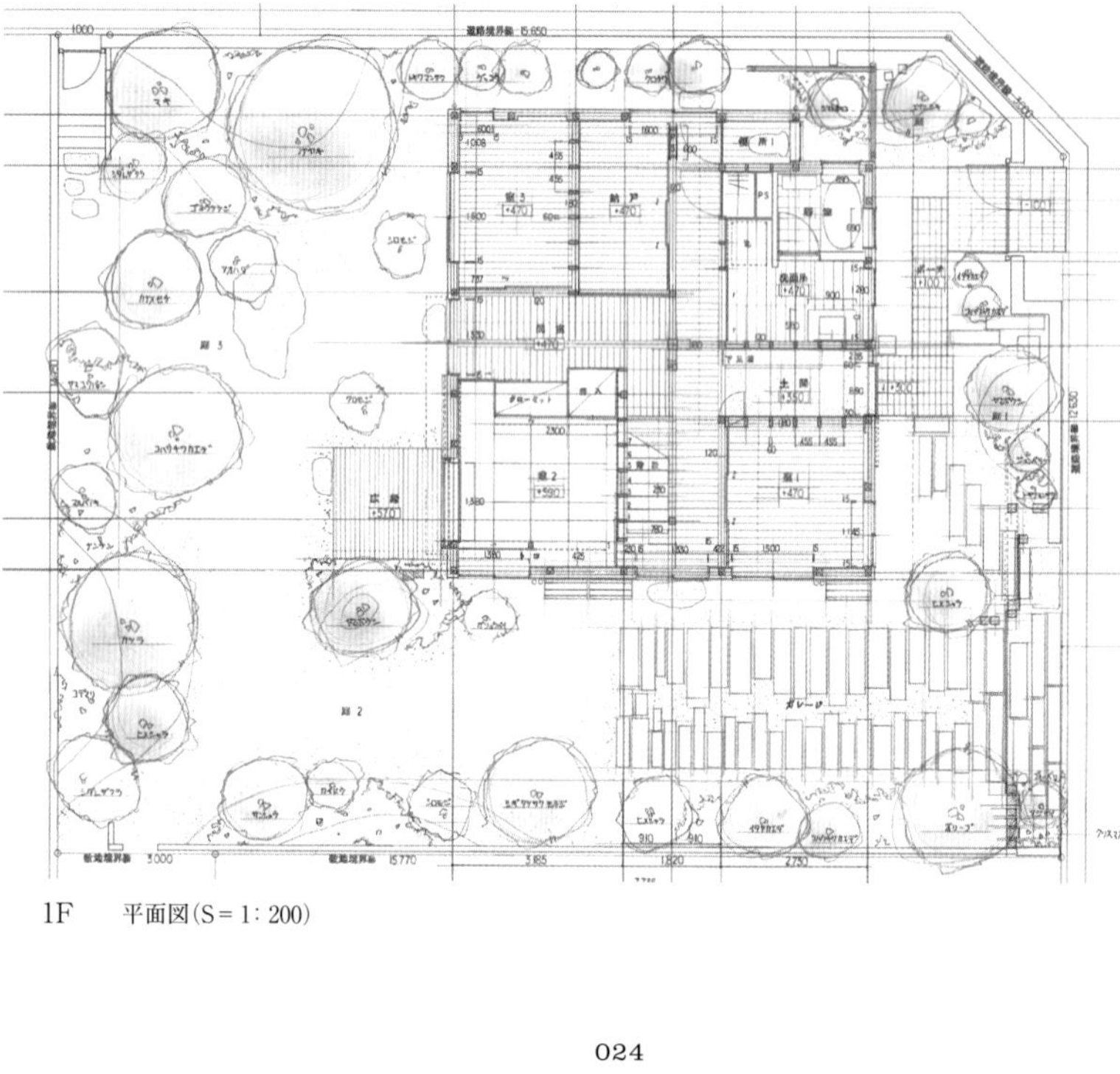

1F　平面図(S＝1：200)

大工が金輪で継いだ通し柱が上まで伸びている。梁によって支えられることなく、この1本の通し柱だけで屋根からの鉛直荷重を受けている。その姿を下から見上げられるように、2階の天井は張らず、床には通し柱を中心に十字を描くように透明のアクリル板を施している

III

住む人の心が長持ちするように

緑町の家の外壁にはベイスギを張り、塗装はしていません。周囲の景色が変わるとともにシルバーグレーに変わっていく。自然に老いていくようなそんな建築をつくりたいと思ってやっています。またこの家の内部に使った材料は、ベイスギ（削り込まないもの）、しっくい、紙。それらを巧みに色分けしながらまとめています。素材が持っている力を厚みに変え、素材それぞれが自分の持ち分を発揮している、そんな建築空間が好きです。

建築はいろいろなものが重なり合っているパッチワークのようなもの。最終的に美しく集めることが大事です。ただし、あんまり格好よくつくっても面白味がないので、少し崩して、それを色気として仕立て上げるのも建築家の芸のうちでしょう。

たとえば、ぼくが好んで使う手法が、通し柱の金輪継。金輪継とは、日本の伝統的な木造技術で、部材の木口にT字形の目違いをつけて継ぎ、木栓を差して固定する継手の手法です。木材を意図的につなぎ合わせておくことで、一部が腐ったり損傷したりしても、交換しやすい。建物を長く使おうという意思か

木の家を長持ちさせる6つの原則

1：経年変化を読み解く
2：空気の流れをつくる（窓の開け方）
3：庇をつける
4：塗装しない（ワックスなどで磨き込む）
5：雨に強い材を選ぶ。
6：デザインをあまりしない

ら生まれた先人の知恵です。もちろん手間はかかりますが、手間をかけるということは、職人たちが自分の技術を披露する場にもなるということ。このような「見せ場」をつくることで、職人たちは腕を振るい、その心意気が住む人に伝わり、次世代に語り継がれていく——そんなことも期待しています。

ぼくの建築は、空間に構造体が見えてくるつくり方をするので、大壁で構造体を隠すことは、あまりしません。そのため内部空間に軸組が、どのように現れてくるか、軸の組み方も考えながら設計します。すべてを現した空間は、自然と住まい手が丁寧に扱ってくれるようになるものです。ゆっくりと流れる時間の中で梁や柱の色が変わっていく。その変化を味わう心が、掃除や手入れをしようという気持ちにつながると信じています。そのような意識が育つように仕掛けていくことも、建築家の仕事かもしれません。

家は、最初から100点をとるものではなく、5年、10年と時間が経つとともに、家族の暮らしが馴染み、町の風景に溶け込み、完成に近づいていく。時間軸が100点に近づけていくものなのです。初めからピカピカで隙のない100点満点のきれいな家は、減点していくしかない。そうではなく、未完であることと、住む人の心が長持ちするように、その家を愛でる楽しみをつくることが、住宅建築では最も大事なことだと考えています。

「大川の家」(2009年竣工、飯田工務店）の外室の柱は、ケヤキ（上部）とアサメラ（下部）を金輪継ぎにしている

竹原義二自邸

101番目の家を訪れて

今日は、自邸におふたりをお連れしたいと思います。敷地は30坪。道路から一段沈み込んだ土地で、都会の建売住宅と同じくらいの面積です。狭小地でも設計の力で家は楽しくなるということを実証しようと考え、設計しました。築13年になり、そろそろメンテナンスの時期なんです。何もしていないので、傷んでいる部分もありますが、ご容赦ください。――竹原義二

House No.101

右）101番目の家の母屋2
階は、広葉樹の柱と梁で構
成されている（上部開口部
はロフト）。建物内には所々
に外とも内とも言える路地
のような場所がある
上）2階から地階の中庭を
見下ろす。中庭が各階をつ
なぎ、各部屋に光を届ける

母屋1階の食堂は、建具を
開け放つと玄関土間と中庭
が一体となり、空間全体が
半屋外のようになる。梯子
は2階書斎への近道

2階畳部屋と外をつなぐ半
戸外空間（外室）は、家具
を置いて室内のように使っ
ている。外でも内でもない
この部屋は、この家を象徴
する場所

斜面を利用してつくられた地階は、音楽を聞いたり、映画を見たりするアトリエ。路地のように細長い石敷きの中庭には、光壁（ステンレス板が格子状に張られた壁）に反射した柔らかい光が射し込む

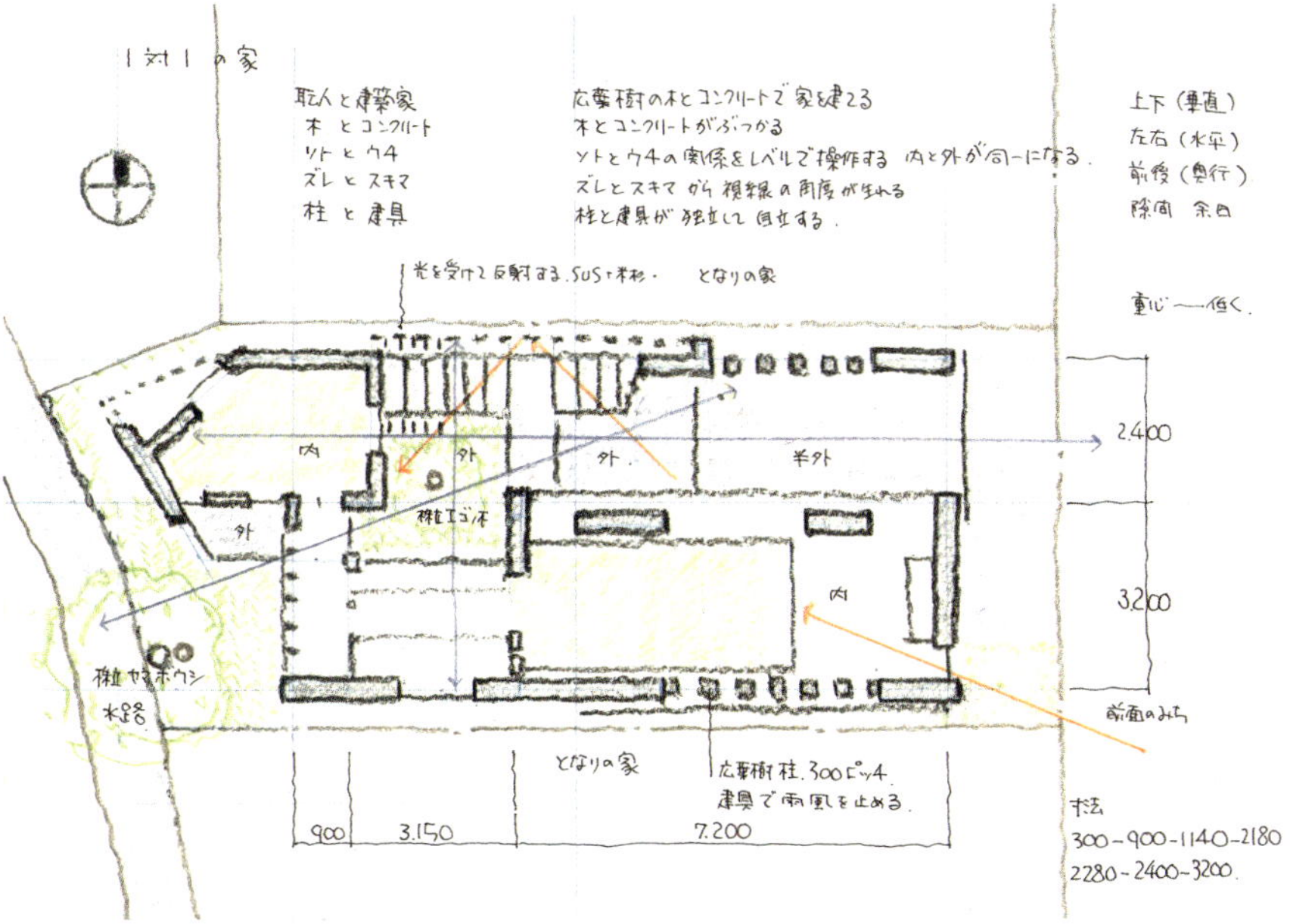
1対1の家
職人と建築家
木とコンクリート
ソトとウチ
ズレとスキマ
柱と建具
広葉樹の木とコンクリートで家を建てる
木とコンクリートがぶつかる
ソトとウチの関係をレベルで操作する 内と外が同一になる.
ズレとスキマから視線の角度が生まれる
柱と建具が独立して自立する.
上下(垂直)
左右(水平)
前後(奥行)
隙間 余白
光を受けて反射する.SUS+米杉.
となりの家
重心――低く.
内
外
外
半外
内
外
2.400
3.200
前面のみち
となりの家
広葉樹柱.300ピッチ.
建具で雨風を止める.
水路
900
3.150
7.200
寸法
300-900-1140-2180
2280-2400-3200.

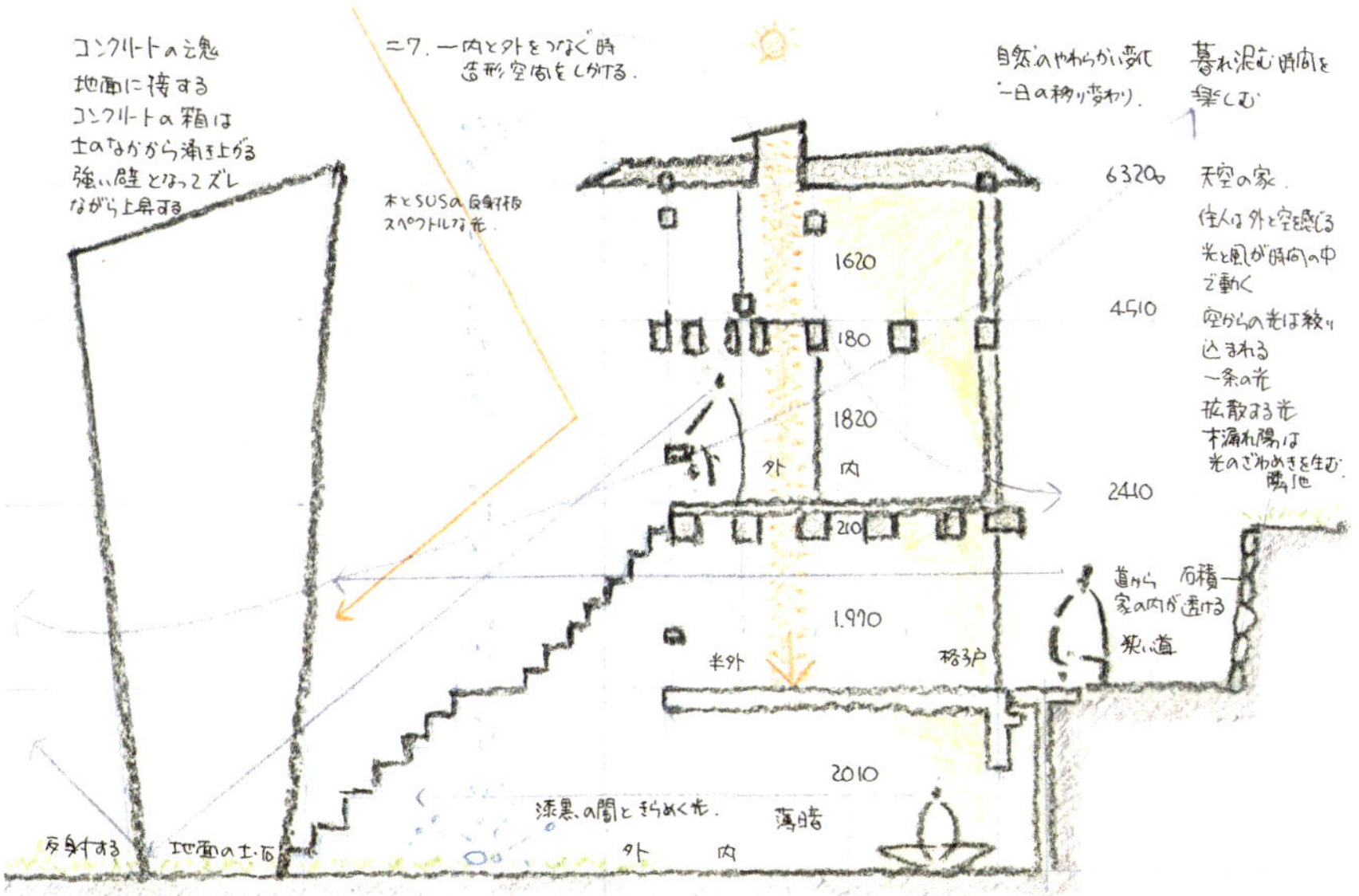
コンクリートの魂
地面に接する
コンクリートの箱は
土のなかから湧き上がる
強い壁となってズレ
ながら上昇する
ニワ.一内と外をつなぐ時
造形空間をしかける.
木とSUSの反射板
スペクトルな光.
自然のやわらかい変化
一日の移り変わり.
暮れ泥む時間を
楽しむ
6320
天空の家.
住人は外と空を感じる
光と風が時間の中
で動く
空からの光は絞り
込まれる
一条の光
拡散する光
木漏れ陽は
光のざわめきを生む.
1620
4.510
180
1820
外
内
2410
210
道から 石積
家の内が透ける
狭い道
1.970
半外
格子戸
2010
漆黒の闇ときらめく光.
薄暗
外
内
反射する
地面の土.石

三月十五日（二〇一五年）
案内者　竹原義二
訪問者　中村好文
伊礼智

広葉樹の柱が林立する家

101番目の家の外観。隣家と比べて階高が低く、大地に根ざすようにどっしりと構えた佇まいが町に溶け込んでいる

（一同外観を見た後、1階食堂へ）

竹原　自邸ということもあり、やりたいことをやっています。構造は、コンクリート造と木造の混構造で、ちょうど1対1のボリューム。荒々しいコンクリートに個性豊かな広葉樹が寄り添っている姿をイメージしました。

中村　何種類の木を使っているんだろう？　わりと南洋材が多いですよね。

竹原　18種類。全部南洋材で広葉樹です。

中村　それは紫檀《シタン》？（食堂の梁を指して）

竹原　いや、鉄刀木《タガヤサン》。

中村　鉄刀木って建築用材はもちろんだけど、それ以外でもあんまり見ない木だよね。

竹原　この床もそうです（47頁参照）。タガヤサン、ウォルナット、ベニシタンなどいろいろな材種が混ざっていますが、黒く見えるのがタガヤサンです。

伊礼　これらの材はどこから？

竹原　これらは、以前から取引のあった材木屋から買ったものです。どれも今ではすごく高価な材料ですが、当時はハネなんかが入っているものは傷物扱いで売れなかったんですよね。材木屋も困って、材を上手く生かして使ってくれる人を探していたん

右）クレーンで広葉樹を1本1本建築現場に運び込む
左）広葉樹は重量があるため、男性4人がかりで運ぶ。加工場は木粉が舞い、マスクをつけて作業した

もっと広葉樹を使う建築があってもいい

――竹原

ですよ。そこで使える材だけ先に買っていたんです。多くは、ヘタ材だったんです。

中村 そういうのは製材されていた材料？

竹原 いや、仕口の加工と仕上げは、大工が大ガンナや電動ノコギリを使って製材しました。大変でした（笑）。

中村 でしょうね。どれもすごく硬い木だしね。

竹原 まずは大工が加工できる作業場をつくるところから始まったんですよ。木の種類も寸法もすべて違うので、木を見ながら並べる順番や向きも決めて、全部の材に番号を振って、使う場所まですべて指定して設計をやり直しています。人間が一人一人違うように、木も1本1本個性が違うのです。世の中は「均一であること」のほうが当たり前になっているから、この家に来た人はみんな、まずバラバラで不揃いな木材の納まり方に驚きます。

中村 だいたい紫檀、黒檀、鉄刀木が建築用材になると思っていないしね。

竹原 普通は板にして家具に使うんですよね。でも、そうじゃなくて、無垢の力というか、形が視覚的に分かるように使いたいと思ったのです。木の家といえば、スギやヒノキが使われていますが、もっと広葉樹を使う建築があってもいいと思います。そうでなければ、技術も材料もすたれてしまう。

ちなみに正面の外観は、コンクリートとタガヤサンの柱材で構成されているんですよ。完成した時は、色艶があって重厚感のある玄色《くろいろ》でしたが、今は雨と紫外線で落ち着いた色合いになっています。削るとまた元どおりになるので、今度削ろうと思っています。

中村 普通は無垢の銘木だけで建物をつくったりしないよね。銘木は床柱とか要所にしか使わない。この家は全部、床柱（笑）。しかも武家っぽい骨太の感じがある。

竹原 建築家の藤森照信さんが来たときに、「こんなバカみたいに広葉樹を使って、お前は、狂人か！」って言われましたよ。

中村 あ、キツいこと言うなあ。ぼくはそんなこと言えない、思っているだけで（笑）。

探検！　立体的な空間構成

中庭の階段が、1階と2階と地階を結ぶ。コンクリート棟の地階には浴室・洗面室があり、母屋からは、一度、外に出ていくことになる

隣家との境界には、艶消しのステンレス板とレッドシダー板を組み合わせた光壁が立ち、太陽光を反射させ、地階の中庭に光を届ける。雨の日は、窓ガラスに雨の雫が流れ落ち、光壁が霞んで見える

（中庭の外階段で2階へ移動）

竹原　家の中には階段をつくらず、中庭の外階段が2階と1階をつなぎます。家族は一度中庭に出て部屋と部屋を行き来することになります。家の中が路地のようなんですよ。猫も迷い込んでくる。内部と外部がちょうど半分ずつ。天気や季節にも敏感になります。

中村　この家は、雨の日が良さそうだね。

竹原　雨の日が、いいんですよ。しとしとと雨が降ると、すごく気持ちがいい。食堂から中庭を見ると、窓ガラスに雨の雫が流れ落ち、鋼板でつくった光壁が霞んで見える。まるで映画のワンシーンを見ているようで、時間が経つのを忘れます。

中村　これを「自画自賛」という（笑）。

竹原　奥の台形のコンクリートの塊は、地階が浴室で、1階が寝室、2階が娘の部屋です。内も外も仕上げはしていません。コンクリート打ち放しのまま。壁には、孔が空いています（笑）。

伊礼　断熱は……？

竹原　この家はしていないです。だから夏は暑いし、冬は寒い。外なのか内なのか、どこに自分がいるのかも分からなくなる。あ、でも、クライアントから頼まれた住宅は、ちゃんと断熱していますよ。

　この家は、型枠からコンクリートから左官から、大工工事まで全部を同じ大工が施工しています。大工は多能工ですよ。建具だけは、建具屋の職人がつくりました。その工務店には大工が6人いて、彼らが全部やりました。そのうちの若い大工2人が、この現場を経験した後、一人前の棟梁となって巣立っていったと聞き感動しました。この家を経験したら、どんな現場も怖くないようです。

伊礼　直営工事ですね。

竹原　そう。直営工事じゃないと、こんな好き勝手なことはできない。

伊礼　どのくらいかかったんですか？

3つの棟が中庭と対峙してつながっている

竹原　工期は1年10カ月かかった。お金は、かかった分だけ払うと言うしかなかった。

（母屋2階の畳の部屋に移動）

竹原　いつもはここ、家の中心にある畳の部屋で布団を敷いて寝ています（34頁参照）。この場所は日当たりがいいのでね。三方向が外につながっているので視覚が広がり、ひっくり返ると空が自分の手のなかに入ったように見えるんです。ここでご飯を食べることもありますよ。

この畳の部屋からつながるテラスは、外部だけど、室内のように家具を置いて使っています。内とも外ともいえないような、この家を象徴する場所といってもよいかもしれません。

伊礼　中庭も書斎もテラスも、みんなつながっている感じですね。居場所がいっぱいある。

竹原　家族は、あちこちで過ごします。階段で本を読むこともあるし、決められていないんです。家の中にいても、外の景色の

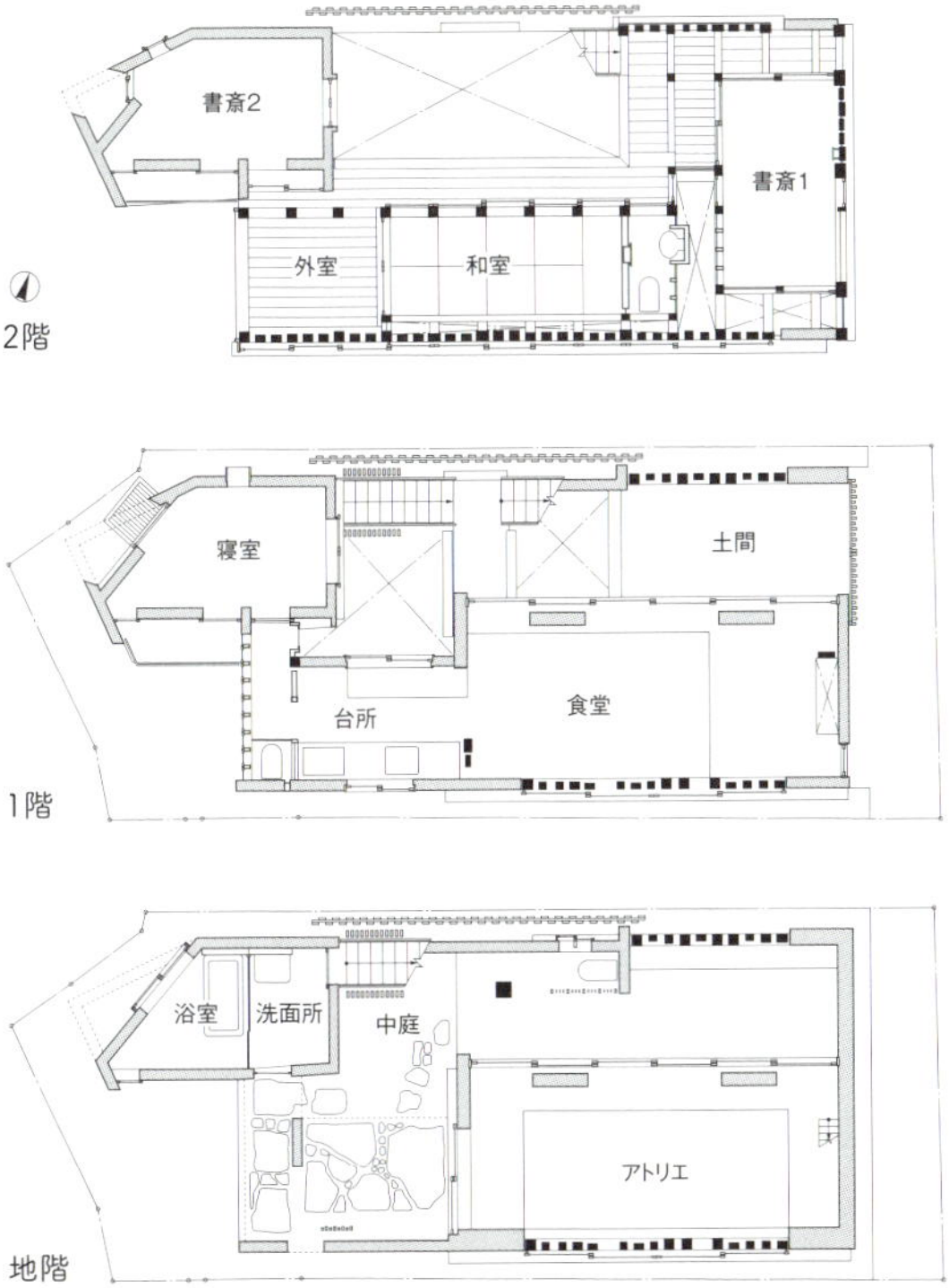

色や緑が見え隠れすることで、空間の広がりを感じることができる。ほとんど外を見て生活しているようなものです。

この家は外壁材がないんですよ。雨仕舞は、外周を覆う建具が外壁になっています。

左）以前は子供部屋で、今は竹原さんの書斎になっているコンクリート棟2階。デスクに座って打ち放し空間を眺める伊礼さん。すぐそばには孔があいて、外とつながっている
右）デスクから見上げると天窓があり、視線が外に抜ける

上右）外室から庭のヤマボウシの木を眺める伊礼さん
上左）畳部屋と外室は、ガラス戸で仕切られている
下右）地階アトリエと1階をつなぐ梯子は、幅380mm
下左）1階食堂と2階書斎をつなぐ梯子は、幅400mm

ぼくの建築のつくり方は、建具は建具で、構造体は構造体で自立しているんです。

（書斎1へ移動）

竹原　隣はぼくがよく使っている書斎です。

伊礼　（両手を広げて）約一間かな。

竹原　小間2つ分。ここはちょっと広過ぎたかな。

中村　（ロフトに上がって）あ、ロフトも結構広いんだね。子供が面白がるだろうな。大人でも面白いけど。

伊礼　落ちたりはしないですか？

竹原　いや、慣れているから大丈夫。この家は、あらゆるところが抜けているからね。

中村　体って慣れちゃうんだよね。

竹原　そこの梯子を下りると、1階の食堂につながります。中庭を通らなくていいから、近道ですよ。

伊礼　（梯子を見て）急勾配だけど、すごく近道。

竹原　子供らは慣れちゃって、下も見ないで、たたたーっと降りる。ぼくは後ろ向きで恐る恐る（笑）

中村　これは楽しい。（と言って下りる）こんな可愛い梯子で移動できることは、掲載された本の写真からは想像できなかった。

柱は、あらかじめコンクリート梁に仕込まれているアンカーに取り付けていく。アンカーを隠すための大きな木栓は、帽子掛けに使っている

寒さや暑さと向き合って暮らす

（1階食堂に一同落ち着く）

伊礼　そこ、帽子がたくさんかけてあって面白いですね。

竹原　これ、外側のコンクリートの梁に柱を1本1本ボルトで止めているんです。そのボルトの孔を塞ぐために棒を入れて帽子掛けにしているんですよ。

あ、正面のコンクリート壁にも孔が空いているんですよ。寒いときには新聞紙を詰めて塞いでいるけど、道路側だから、隙間から子供がのぞいたりする（47頁参照）。

伊礼　外が見えるし、光も入ってきている！　竹原さんの家は、ノーダンネツ、ノーキミツですね（笑）

竹原　そう、隙間だらけ（笑）。あの新聞紙をとったら、外とつながります。2階の子供部屋も孔が空いているので、タオルをぎゅっと詰めて塞いでいます。

ところで、今、寒くないですか？（おもむろに立ち上がり）寒いよね。これは、どこか空いているな。（梯子で2階へ行き）あ、やっぱり開いていました！（建具を閉める）

（戻ってきて）薪ストーブでここは充分暖まるんだけど、他の部屋は断熱をしていないし、冬は寒いですよ。もう慣れたけどね。友達が家に来てもみんなコートを着た

すごいですね。風の通り道がわかるんだ

――中村

まんま（笑）。

中村　夏は？

竹原　夏は冷房がないから、このままですよね。開口部も全部開けて、風を通す。あとは扇風機がたくさん回っているだけ。虫が入ってくるから、蚊取り線香をそこらじゅうで焚いていています。暑いとは思うけど、まあ、慣れているからね。

家族も、寒いとか暑いとかあんまり言わない。寒ければ、一枚着ればいいし、暑ければ涼しいところにいったらいい。子供たちもそんなレベルの対応です。うまく住みこなしていますよ。

あれ？　まだ寒いな。これは、下も空いているな。（今度は地下に行って建具を閉めてくる）

中村　すごいですね。風の通り道がわかるんだ。こういう環境だと動物的な感覚が研ぎ澄まされるんでしょうね。暑いときは涼しいところで寝る。お腹つけて（笑）。

右）食堂でコートを着たままテーブルにつく中村さん
左）コンクリートの壁には孔が貫通していて、近所の子供たちが覗くことも

1階食堂は、土間と床のわずか60㎜の段差が結界をつくっている

広葉樹の列柱の向こうには、外壁ではなく建具。そのため、壁全体から光が射し込む

広葉樹の構造体をありのまま見せる——竹原

大地から生まれてきたような建築

竹原　建築は素材の使い方と、平面と空間の扱い方にあると思っています。ぼくは部屋の寸法を考えるとき、間口3200㎜をよく使います。部屋として成立するギリギリの寸法です。この家自体は、敷地の間口は6800㎜で、1階と地階を3200㎜の内部空間と2400㎜の外部空間に分割しています(39頁スケッチ参照)。

中村　その寸法は何から来ているの?

竹原　3200㎜というのは、4畳半を基準にして、人が動いたり、物を置いたりできる寸法を加えた幅です。関西の長屋の間口は2間半(4545㎜)が多いのですが、奥まで通り土間が通って、外と内を分割しています。その手法を取り入れているのです。2階は、3200㎜をさらに分割して外廊下をつくっているので、内部空間の幅は2280㎜です。この寸法は、4畳半を切る、茶室にならった最小限寸法です。

伊礼　やっぱり3層あると、楽しいですね。

竹原　3階建てだけど、敷地が一段下がっている地形を利用しているから建物の高さは隣の2階建てより低いんですよ。

伊礼　梁下2000㎜ぐらいですか?

竹原　1980㎜です。階高を低くしているのは、小さな部屋に対してボリュームを抑え、空間に緊張感をもたせています。それと階段数を少なくするため。1階の上がり框だけ60㎜上がっていますが、室内はバリアフリーになっています。階段は両側の手すりを持って上がれるようにしてあります。椅子があちこちに置いてあるのは、気持ちよい場所に座りやすくし、その椅子を握って立ち上がれるようにしているのです。気配りを感じさせないように、考えてあるんですよ。

伊礼　竹原さんの建築はやっぱり実物を見ないと分からないですね。なかなか誌面で

実際に立って、天井高さを目測する伊礼さん

コンクリートの壁と広葉樹の柱がそのまま意匠となって町に現れている

は表現しにくい「空間の楽しさ」がある。すごくやんちゃな建築。素材力もあり、空間力もあって……。

中村　それなりに財力もあって（笑）

竹原　そんなことないですよ。石とか木とかをたくさん使っているから、高級だと思われているようですが、違うんです。ぼくは、材料を見に行って、行き場のない、売れ残っているものを探して、それらをどうやって使おうかと考えるのが好きなんです。

たとえば、虫食いの大きな穴があいている木があるとするでしょう？　普通は穴の部分を切って捨てちゃうんだけど、ぼくにとってはそこが大事で、目の高さに虫食いが来るように柱の長さを決めたりする。もちろん、虫食いを隠すために裏側に向けたりすることもある。寸法も、木の並び順も、表裏の面の向きもすべて決めるので、設計や施工は大変になりますが、高級品を並べているわけではないんですよ。適材適所に材料をあてがっているのです。

伊礼　写真では、素材のパワーがフィーチャーされがちだから、いいものを厳選して、すごい職人を使ってやっているというイメージがありました。

竹原　今度から、裏側も撮影してもらおうかな（笑）

中村　材料のことも含めて空間の立体的な構成に、竹原さんの建築観というか世界観が出ていて面白いですよね。「これが竹原

空間の楽しさがある。すごくやんちゃな建築

——伊礼

なんだ」というのがね。素材だけで見ると、けっこうバラバラじゃない？　でも、素材と空間が一緒になったもの、太古の建築の空気感があるというか、大地から生まれてきた建物というか、それがよく伝わってきました。大きな発見でしたね。

竹原　あれ、そう？　長い付き合いしているのに（笑）。ぼくの建築の師匠は石井修ですが、習ったのは、縄文的な力強い建築です。建築の骨格を組み合わせていきながら、民家的な骨太の建築をどうやってつくっていくかというようなことを考えていました。だから、家は構造の架構が見えている。そこが二人の建築と最も違うところだと思います。先生からは、いつも「繊細さをもたせつつ、骨太にしろよ」って言われていたから、ぼくの建築はどうしても構造が太くなってくる。ほかの先生に教わっていたら、違っていたかもしれない。

伊礼　でも竹原さんの作風は、石井修さんとも少し違うように思います。独特。

中村　空間に太古の気配が漂っているところは、共通しているような気がする。

竹原　石井先生の建築は、地下に降りていった時に、座ると地面とつながっている感じがするんです。それがいいなって思った。

伊礼　確かに石井修さんの建築は、大地や地面の感じがありますね。

中村　そう、大地とか地面とかを強烈に感じさせますね。独立柱に丸太を使うときも、わざわざ根の方の末広がりになった部分まで使うでしょう、あれも結局は地面を感じさせたいからなんだと思います。大地や地面に対する敬愛の念だったのでしょうね（13頁参照）。

竹原　石井先生があるとき、「今度の建築は柱をこうしよう」と絵に描いて見せてくれたのが、根っこのように裾が広がった形だったのです。ぼくは、そのスケッチを持って、山に材木を選びにいきました。スコップで土を掘ってね、根っこのあたりを材木屋さんにチェーンソーで切ってもらったのを覚えています。楽しくて建築に夢を持ちましたね。

2階畳部屋の桁に座り込む3人。この家には、座れる場所がたくさんある

第二章

伊礼智の仕事

Ⅰ

設計の標準化から生まれる家づくり

ぼくは、分譲住宅の仕事をきっかけに、設計の標準化に取り組んできました。ここでは、設計の標準化から生まれる家づくりの可能性について話をしたいと思います。

最初に設計の標準化を考えたのは、ソーラータウン久米川という、全棟17棟

「ソーラータウン久米川」の竣工時の町並み（2001年竣工、相羽建設）

の分譲住宅。2001年、独立して間もないころの仕事です。相羽建設からの依頼で、全棟にOMソーラー（太陽熱を利用したパッシブソーラーシステム）を搭載し、自然素材に包まれた質の高い町をつくりたいというものでした。

一般的に分譲住宅は、注文住宅と比べて予算の厳しい人が対象になります。我々が普通に設計した住宅では予算オーバーとなってしまうため、コスト削減が大きな課題でした。さらに1棟1棟のんびり建てるわけにはいかず、工期の短縮も求められました。そこで心の隅で暖めていた「設計の標準化」を提案したのです。設計を標準化することで仕事がスピードアップするだけでなく、コストコントロールもでき、17棟の町並みをまとめ上げることもできると考えたのです。

ぼくは手描き図面の世代です。修業時代は、たくさんの図面を徹夜で描いて、それをもとに工務店と見積もり合わせをして、変更があると、また図面を徹夜で描き直すというようなことが日常的に起こっていました。現場が進んでも、毎回、工夫を凝らし、頭をひねり、ぎりぎりで詳細図を描き上げてもっていくと、住まい手の要望や所長の現場の判断で変更が出ることが度々ありました。その度に、せっかく描いた詳細図を、急いで描き直すのです。そのようななか、一度だけ効率化のために開口部廻りの納まりを標準化したことがありました。事務所務めも10年近くになり、経験も積み、事務所のテイストも定着してきた頃だったので、定番の納まりを決めることで無駄な労力を減らせると考えたのです。

しかし、それはほとんど役に立ちませんでした。なぜならデザインというのは取り合い（異なる部位がぶつかるところ）をいかにうまく納めるかであり、窓と窓、窓と家具をどのように美しくつなげるかこそ設計の醍醐味だからです。開口部だけを標準化してもあまり意味がなく、また、手描きの時代であったことも時期尚早だったのだろうと思います。ＣＡＤに変わった現在は、過去の蓄積（図面）をベースに仕事を進めていくことは普通ですが、手描きの時代には、それができず、まっさらなところに一から描かなければならなかったのです。さらに、所長が建築家らしい建築家であったので、標準化を進めようとは言いつつも、毎回、新しいことにチャレンジしようとするのです。基本的に建築家は設計の標準化に向いていないのかも知れないと思っていました（笑）。

こうした経験があったので、ソーラータウン久米川では、ひと部屋まるごと標準化することにしました。１坪の標準階段、１坪の標準浴室、１坪の標準玄関、１坪の標準洗面所、１帖のトイレ…それを組み合わせながら、スピーディに設計していきます。基本設計をやっている横で工務店が30分もあれば見積もりができてしまう見積りソフトもつくってもらいました。プランが出来上がると、それがいくらなのか、おおざっぱであっても提示できるのは、住まい手

右）「ソーラータウン久米川」の2階リビング。壁は開発にたずさわったシラス製品
左）2階リビングの場合は、冷房の冷気を逃がさないように冷気止めを標準装備

にとっても安心だと思います。そのようにして手早く設計を進め、コストを抑えてコントロールし、施工の質を担保しようとしたのです。家全体を標準化すると、ハウスメーカーと同じ、単なるシステム住宅になってしまうので、部分的に標準化しつつも、敷地を読み取り、住まい手の要望を取り入れて、設計の自由度を残しながら、きちんと設計していくことを目指しました。

コストをコントロールするとは言っても、仕上げの質を落とすことは極力避けました。壁はビニルクロスではなく、開発に関わった火山灰を原料とした自然素材100%の左官壁、調湿機能と消臭性能が優れています。天井は沖縄の月桃《げっとう》という植物を原料とする和紙クロスの月桃紙、床は輸入ものの、北欧の無垢のパイン材か、予算に余裕があれば国産の無節の赤松という仕様、仕上げの取り合いをはじめ、納まりはすべて標準化されています。標準階段は、2階リビングの時には、冷房の冷気が1階に逃げてしまわないように冷気止めも標準でついてきます。浴室は、ハーフユニットバスを利用することで、素材や窓の位置を自由に選べるようにしました。最終的に、当初から2割くらいのコストダウンは実現しましたが、販売価格（土地代込み）が周辺の相場より900万円も高かったのです。建築家が居心地にこだわって設計すると、どうしても相場より高くなってしまうのです。はじめは販売を不動産屋に委託することになっていたのですが、こんな高い物件は売れるわけがないと不動産屋が匙《さじ》を

数年後、成長した樹木と建物のバランスが整い、美しく豊かな町並みとなった

投げてしまい、渋々、相羽建設が販売もすることになったのです。そこで、つくり手の思いを直接住まい手に伝えるセミナーを、合計5回行いました。その甲斐あって、相場より高いとは言え、若い人がギリギリ手の届く価格ということもあり、何とか全棟、完売することができたのです。セミナーの効果もあって、価値観が同じ住まい手が集まって来ました。住民参加のバーベキューやバス旅行にも参加させていただいたことが懐かしく思い出されます。

ソーラータウン久米川はさまざまなメディアにも紹介されました。当時、一般的には建築家が手を出さない、分譲住宅という仕事に一石を投じることができたと思います。このときの仕事（設計の標準化による家づくり）は、i-worksと名付けられ、その後、相羽建設とともに展開されていくことになります。これがぼくの設計の標準化の始まりです。i-worksとは、延床30坪くらいまでの4～5人家族が住める家で、空気や熱などの見えないものまできちんとデザインされ、自然素材に包まれたリーズナブルな小さな家と定義づけしました。若い人の中には建築家で建てたいと思っていても、予算的に厳しくて建てられない人がたくさんいます。この頃はぼくも若かったので、できることなら同世代（40歳くらい）でも建築家の考えた住宅に住んでほしいと願い、こちらから歩みよってみた活動でもあります。

「久米川ソーラータウン」
は、延床面積27坪程度で
4人家族が暮らせる家

右）1坪の玄関は、住宅のモジュールに対応しやすく、効率よくプランできる。必要に応じてベンチや手摺を造り付ける
左）1坪の階段は、小窓をつけたり、階段下をわんちゃんの部屋にしたり、アレンジも楽しめる

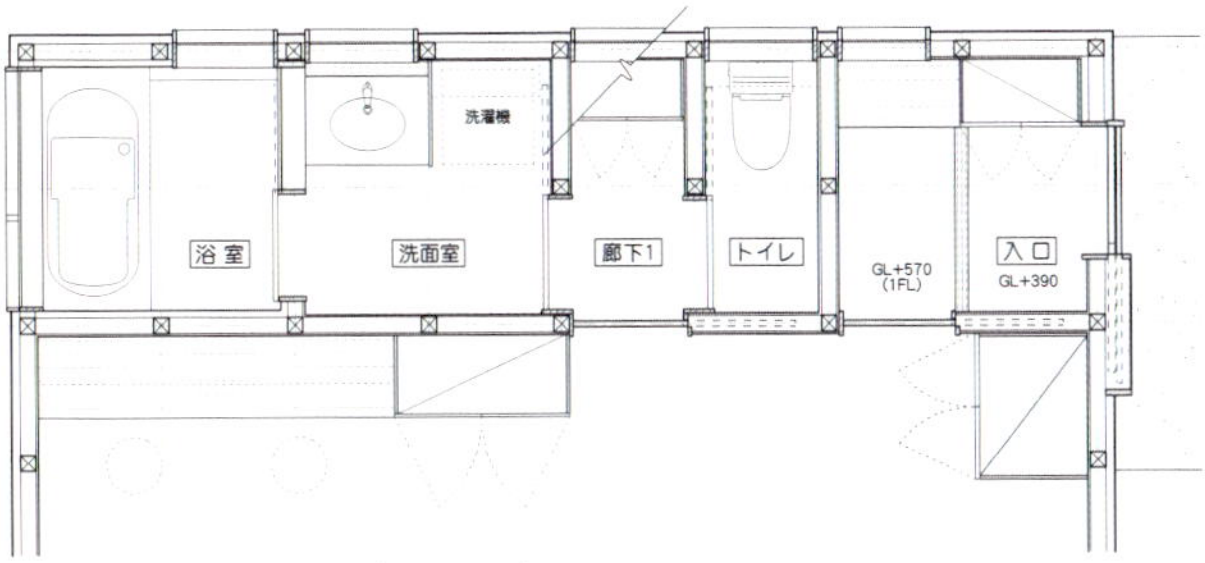

i-works1.0の水廻り平面図（S＝1：100）

右）浴室と洗面室は、セットで考える。標準洗面室は、浴室との壁厚を利用してキャビネットをつくるのが定番

左）トイレは1畳が基本。サニタリーの一部として洗面室の並びに配置する場合は、仕上げを揃える

「東京町家・9坪の家」のリビング（2005年竣工、相羽建設）

II

きちんとした下ごしらえをする

もう少し設計の標準化について話しておきたいと思います。設計の標準化とは、端的に言えば、あらかじめ寸法や仕様などを標準化された部屋（玄関・階段・トイレなど）に、同じく標準化されたディテールなどを組み合わせ、それでいて質の高い、リーズナブルな価格の住宅を設計・提供していこうという試みです。人によっては無味乾燥なシステム住宅を連想されるかもしれませんが、実際はその逆です。標準化というのは、完成度が高くてアベレージの高い仕事をするための手段と言えます。

毎回、変わったことをやろうとすると失敗することもあります。それが軽度の内容なら、クライアントとの信頼関係から許されることもあるでしょう。しかし、一般的には失敗すれば責任をとらなければなりません。建築家がチャレンジして雨漏りしたとしても、許される時代ではなくなったのです。設計の品質を確保するための方法論が標準化だといってもよいでしょう。

料理で言えば「良くできた下ごしらえ」。おいしい料理は、必ず下ごしらえがきちんとできているものです。ある料理人の店を設計したことがあるのです

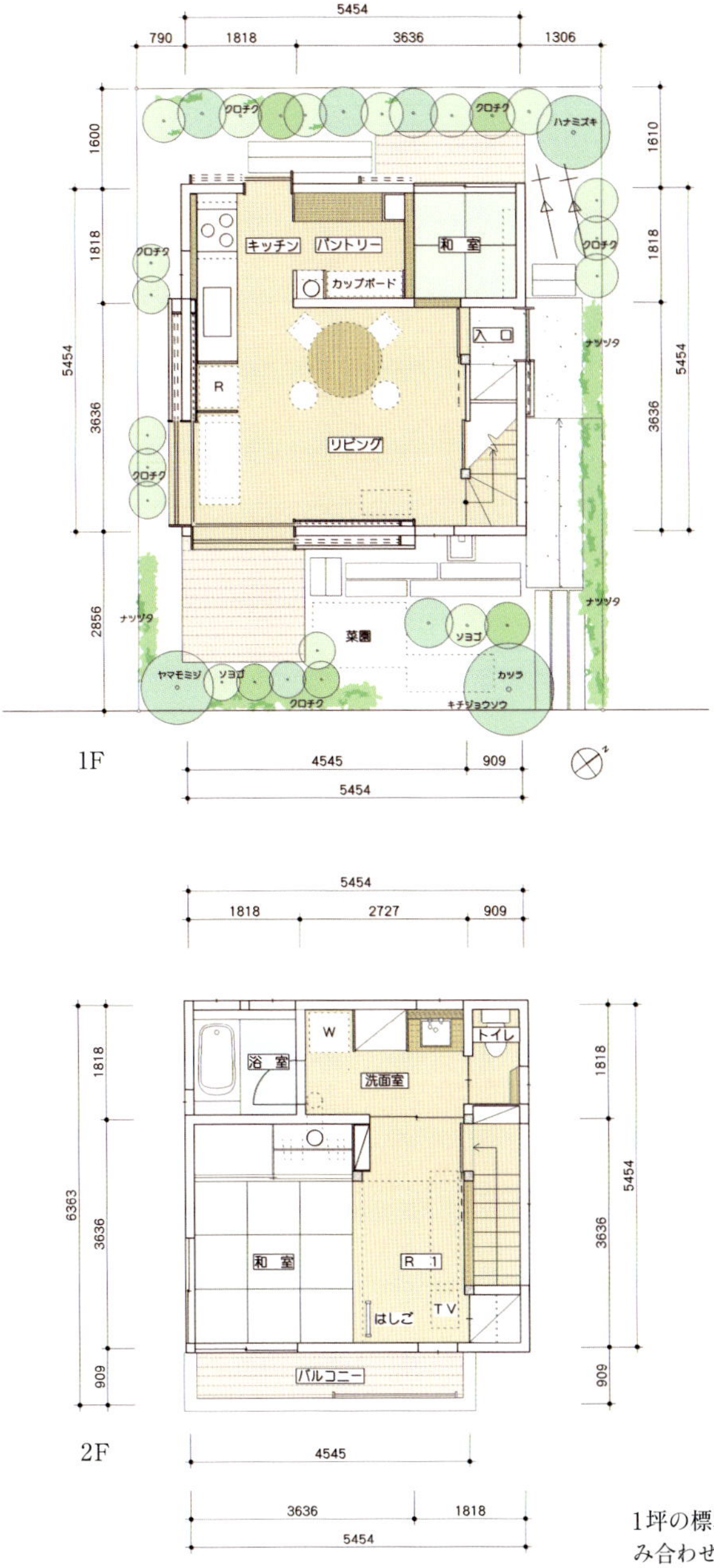

平面図(S＝1：150)

1坪の標準浴室や階段を組み合わせながら、居心地のよい小さな空間をつくり上げた

が、下ごしらえをしっかりしておくことで、当日、手早く、良いコンディションでおいしい料理を出せるのです。

また、家具づくりに言い換えると、治具《じぐ》のようなものです。治具とは、家具のパーツを正確につくるための道具で、誰がやっても正確に、そしてケガすることなく、安全に、正確に造るために必要なものです。ぼくの師匠の奥村昭雄先生（建築家・東京藝術大学名誉教授）は、家具デザインもやっていたのですが、彼の代表作「ハンペンチェア」1脚に対して、治具が40個もありました。治具をしっかりつくっていたからこそ、クオリティの高いものができたのです。

同じように住宅も、自分が美しいと思う定番の納まり、施工に無理がなく使いやすい納まり、といった自分なりの確かな土台を構築しておきます。そのうえで必要があれば（住まい手の要望など）、物件ごとに新しいアイディアにもチャレンジし、結果がよければ、新しい標準として取り入れ、それを繰り返し繰り返し磨きをかけ、改善していく。こうしたアプローチが、自分らしい設計の質と完成度を高め続けると考えています。標準化された設計は、それを担保にして新しい挑戦への時間とエネルギーをつくりだしてくれます。決して創造性を退化させるものでも、個性をないがしろにすることでもありません。

また、標準化というとルーチンワーク…誰でもできるつまらない繰り返しの仕事と思うかもしれません。しかし、経営学者ピーター・ドラッカーの言葉を

「東京町家・9坪の家」は、植栽だけで町と家の距離をとった。小さい家ほど、町とのつながり、外へ向かう意識を設計に取り入れることが大事

借りれば、「ルーチンワークとは、ある優秀な人にしかできない仕事を、誰もができるようにつくり上げられたシステム」。そう考えたほうがポジティブだと思うのです。決して楽しよう、安くやろうというのではなく、どんな工務店と仕事をしても、大工さんが誰であっても、たとえ新人の若いスタッフが設計の担当だとしても、確実にアベレージの高い仕事をするための標準化なのです。

これまで標準化された設計を駆使して、多くの住宅をつくってきました。なかでも東京町家・9坪の家は、建坪9坪の夫婦二人のための小さな住まい。予算が厳しかったこともあり、敷地を読み取り、住まい手とコミュニケーションを重ねながら、標準化された設計でつくりあげました。決して斬新なことはしてないのですが、これまでにないほどの取材を受け、雑誌にも掲載されました。建築という世界で自分の名前が知られるきっかけとなった住宅とも言えます。

その後、設計の標準化の到達点と思える守谷の家をつくりました。住まい手は友人であり、工務店の社長でもあり、ぼくの設計の良き理解者でもあります。ハウスメーカーの開発した分譲地の一角に、その敷地を生かし、ご近所にも配慮し、自然エネルギーを利用した美しい佇まいとなりました。もちろん、ソーラータウン久米川以来、磨きをかけてきた、標準化された設計を駆使していまず。自分らしい住宅、自分らしい佇まい、自分らしい作風が確立できた仕事だと思っています。

1F

2F
平面図
(S=1:200)

標準化の集大成ともいえる
「守谷の家」(2010年竣工、
自然と住まい研究所)

守谷の家のリビング窓は、北側の遊歩道の緑を取り込むように大きく開いている。開口部の寸法は、1,355㎜×2,658㎜でフルオープンになる

III

改善の積み重ねが、作風を確立する

住宅に限った話ではありませんが、ある製品なりサービスなりクオリティを向上させようと思えば、そこには常に改善が求められます。現状の良いところ、悪いところを洗い出し、改善すべき点を迅速に改善していく。これを繰り返すことで、個々の製品はより磨きあげられ、完成度を高めていきます。

右下）守谷の家は、軒高2,100㎜、棟高は6,588㎜。周辺の住宅と比べて、小さくまとまって控えめな印象
左）i-works1.0のインテリア。家具や階段もオリジナルで製作している（2013年竣工、柴木材店）

しかし住宅の場合、現実には、この方法論を積極的に採用しにくい事情があります。なぜなら、土地ごとの条件に合わせ一品生産されるため、ある現場で採用したプランや納まりが、次の現場でもそのまま採用できるとは限らないからです。また、たとえ同じような敷地条件だったとしても、同じ様な住宅を繰り返しつくり続けることに抵抗を感じてしまうのは、建築家の性《さが》といえるでしょう。しかし、常にゼロから新しい何かを生み出すことが、果たして建築家に求められている仕事なのでしょうか？　クライアントの多くは、決してそんな特殊な家を望んでいるわけではありません。大切なのは、自分（クライアント）にとって「特別な家」であること。つくり手と共感できる、価値観が感じられる住宅を望んでいるのではないかと思うのです。

定評のある住宅建築家は、口には出しませんが、みんな「標準化された設計」をもっているものだと思います。「自分の定番」と言ってよいかも知れません。それぞれ好みがあり、自分の審美眼で、ものつくりを行い、それがその建築家の作風となっている…作風が明快だからこそ、人に伝わり、定評を得ることができるのではないでしょうか？　ぼくが取り組んできた設計の標準化は決してオリジナルではなくて、吉村順三さんはじめ、師や先輩方から、勝手に受け継いできたものに（笑）、自分なりの磨きをかけてきたものです。すべては総合的に質の高い（意匠も性能も合わせ持つ）、確かな家づくりのために。

IV

モデルハウス設計の仕事がもつ意味

一般の住宅に加えて、工務店からモデルハウスや社屋、社長や社員さんの自宅をよく頼まれます。モデルハウスの設計というと、具体的な住まい手がいないので敬遠する建築家もいますが、ぼくはモデルハウスの設計の仕事に新たな可能性を感じています。住まい手に寄り添い、二人三脚（工務店も含めると三人四脚？）で創り上げる家もよいですが、注文住宅ではなく、プロとしての提案住宅も、家づくりのあり方のひとつではないかと思うのです。

モデルハウスを頼んでくれる工務店は、すべてぼくの設計を学びたいと考えている工務店です。一緒に仕事をすることが一番の学びの場となります。日本の家づくりの過半数は地域工務店によって行われていますが、その地域工務店とともに仕事をすることで、工務店に設計の大事さを伝え、設計力を鍛え、彼らから施工を学び、よりよい家づくりを考えることは、巡り巡って、住まい手のメリットにもなるはずです。日本の住宅地の風景も変わることでしょう。設計者と施工者は対立する相手ではなく、ともに協力し合い、信頼関係の上に切磋琢磨することで地域貢献ができるはずだと考えています。地域工務店の目指

谷口工務店のモデルハウス「下田の家」では、2階リビングに半戸外空間を取り入れた。町と住まい、内と外の間に豊かな居場所をつくる（2012年竣工、谷口工務店）

すべき家づくりを具現化したモデルハウスを、日本のあちこちにつくらせてもらえることは、ぼくにとって楽しくもあり、建築家として真剣勝負でもあるのです。

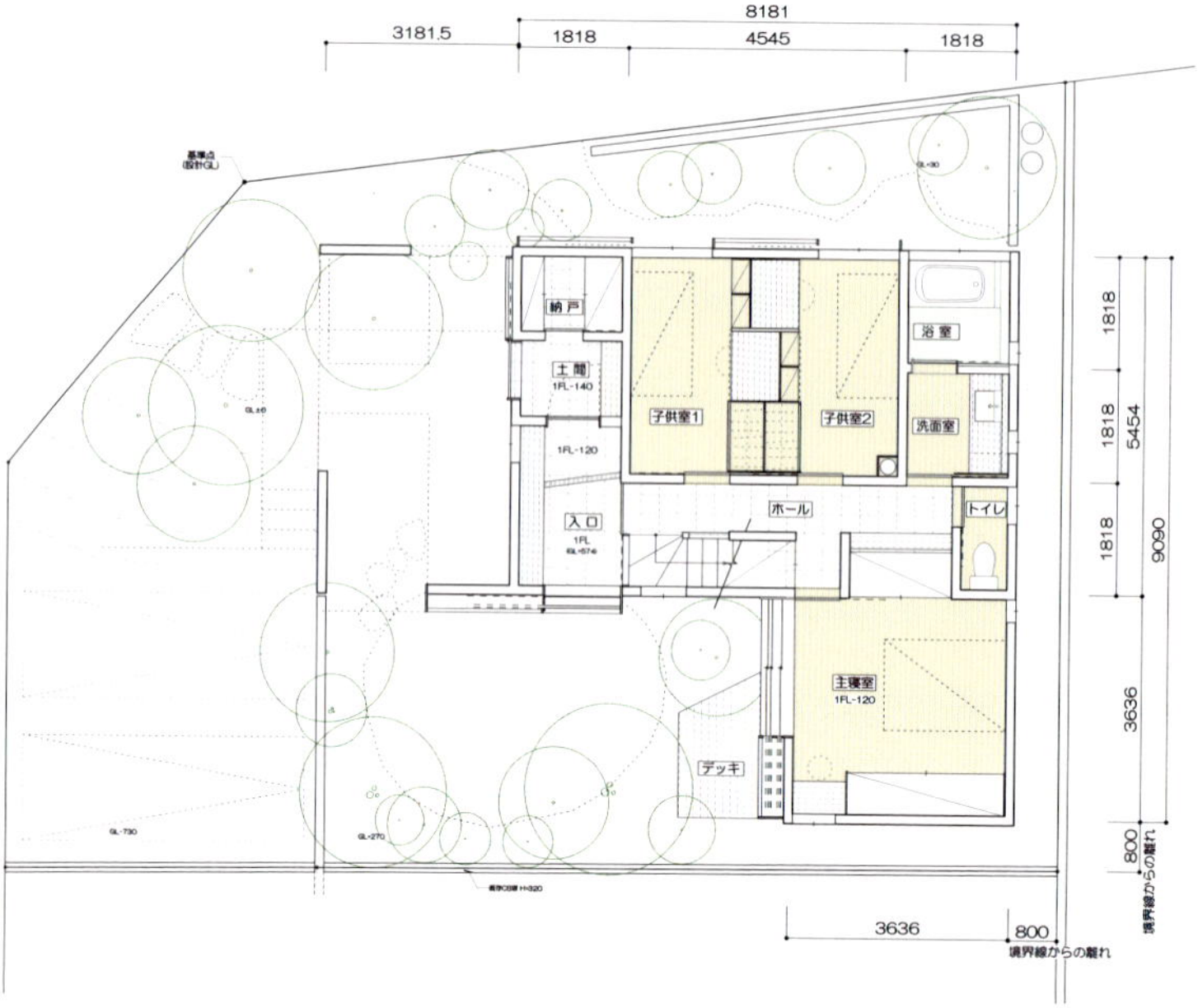

1F

2F
平面図
(S=1:200)

外部からやってくる豊かなもの…光、風、熱、音、香り、良い風景、コミュニケーション…の最前線、開口部近傍に心地よさは宿る

町と家の間の心地よい空間。7mのアオダモが、1階のピロティから、屋根まで突き抜けて伸び、日常生活で樹木を身近に感じられる場所

工務店の提案住宅

京都サロンを訪れて

2014年に京都で完成した松彦建設のモデルハウス・京都サロンをご案内したいと思います。敷地西側に善峰川が流れ、その遊歩道には桜並木が続き、地元のお散歩コースとなっています。川の向こうには山々が望め、視線の開けたのどかな風景に囲まれています。この景色を素直に開口で切り取り、庭に桜を植え、近景（庭の桜）・中景（遊歩道の桜）・遠景（山々）を結ぶように植栽を計画しました。

――伊礼智

Kyoto Salon

東側外観。外壁の色に合わせて、塀も白くしている

やや長めのアプローチから
ガラリ戸を開けて玄関ポー
チに入り、そこで扉を開け
て玄関に入る

ガラリ戸によって、建物のなかに取り込まれた玄関ポーチ

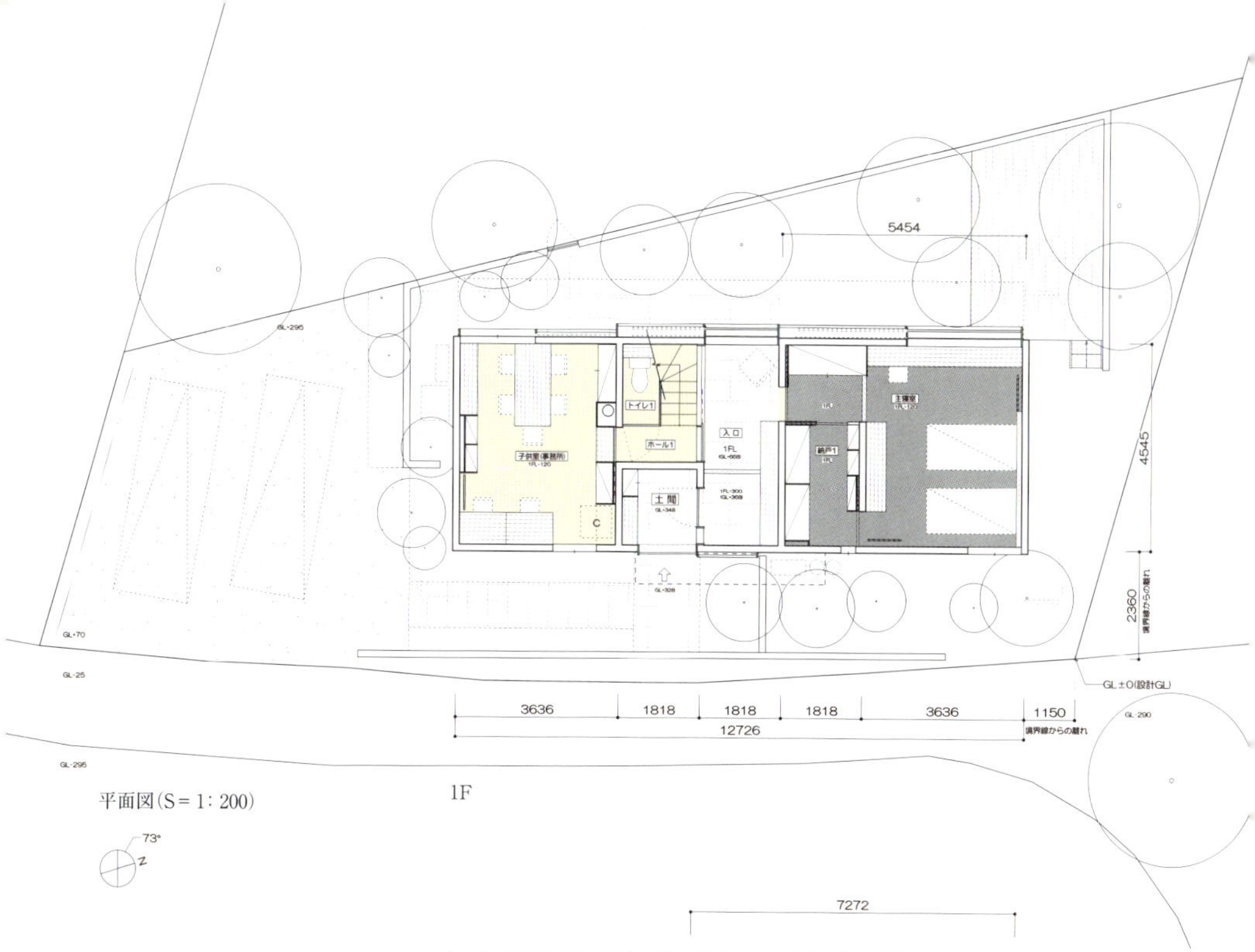

平面図(S＝1：200)

1F

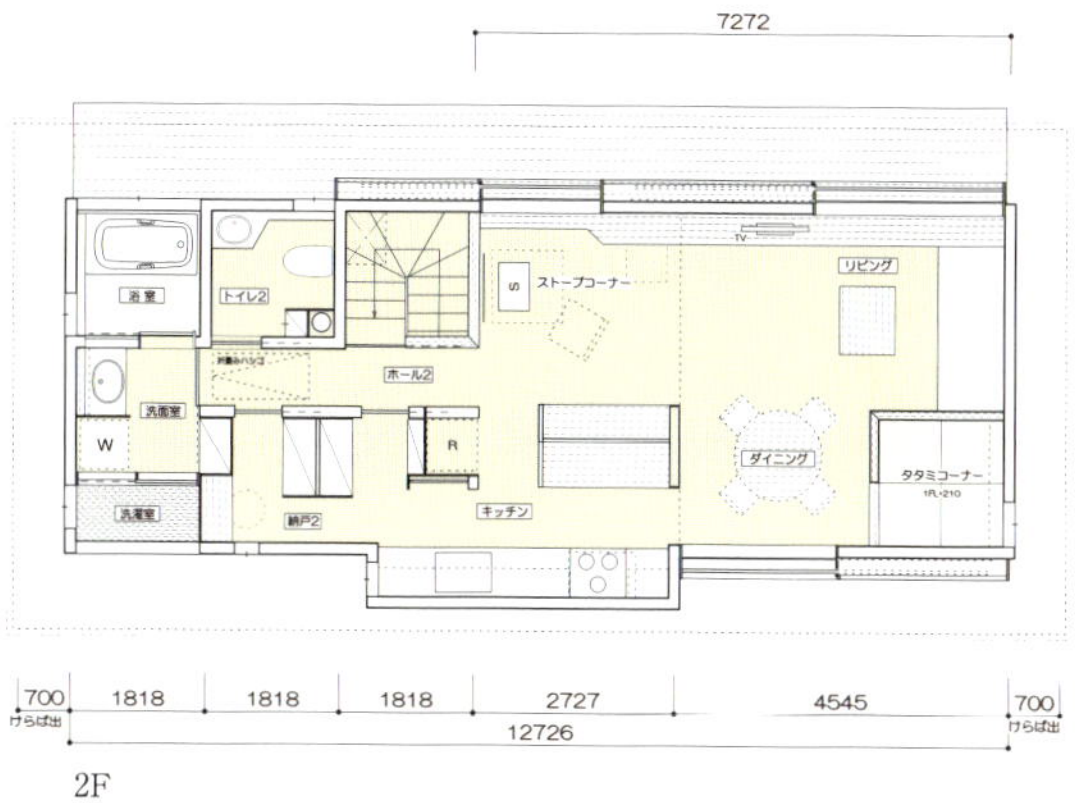

2F

右）1階には、貸し事務所を用意している

左）玄関を入ると、南庭に繋がる大谷石敷きの通り土間によって、外まで視線が抜ける。遠くの山の稜線が美しい。町家を思わせるような設え

2階リビングは、大きな開口をとることで、日当りと通風を確保。建具は、外側から網付きガラリ戸、複層ガラスの框戸、内側に明かり障子という、いつもの構成。内壁、外壁とも開発に関わった左官（シラス製品）で仕上げている

三月十五日（二〇一五年）

案内者　伊礼智

訪問者　中村好文

竹原義二

建築家がつくる効果的なモデルハウスとは

（サロンを一通り見学し、ダイニングテーブルに3人で座る）

中村　じゃ、生ビール3つ！

伊礼　もうですか！　お昼も食べていないのに。

中村　小でいいからさ（笑）

竹原　この建物は、もともとどういう意図でつくられたものですか？　1階に貸し事務所スペースもあるけれど、将来、誰かにこの建物を売るわけではないんでしょう？

伊礼　京都サロンは、松彦建設のモデルハウスという位置づけですが、面白いのは、このほかに吉野材を使った家づくりに取り組む地域工務店と製材所、地元の設計事務所が集まるネットワークの拠点にもなっているという点です。三者が力を合わせて営

オープンして4カ月でプロが400名も見学に来ました

――伊礼

業し、モデルハウスも共有していく新しい試みです。

1階の貸し事務所は、松彦建設とともに家づくりに関わってもらえる、若き設計者のために用意したものです。オープンして4カ月でプロが400人ぐらい見学に来ました。

竹原　えっ400人も！　すごいな。

伊礼　主に設計事務所です。毎週、誰かしらが来ているような状況で、仕事に差し障りがないだろうかと心配になってしまいます。

竹原　設計事務所って、主に住宅を設計している人ですか？

伊礼　若い人が多いですね。もともと松彦建設は、社長が一人で営業していたので仕事のあるときとないときの差が大きくて、それを解消するためにモデルハウスをつくったのです。先代が左官職人だったこともあり、大工工事と合わせて施工を請け負うこともあります。そのため、施工力を知ってもらうこともこのモデルハウスの目的の1つでした。

中村　なるほど。それで貸しスペースもつくって設計事務所と仕事をしようということなんですね。

伊礼　実際に設計事務所から仕事の依頼も来るようになったみたいで、効果はあったようです。

竹原　これを見たら一般の人も、みんなこんな家に住んでみたいって言うやろうな。

伊礼　実は、一般ユーザーにはまだ公開していないのですよ（2015年3月現在）。

竹原　そうなんだ。驚いたな。

伊礼　その辺が面白いですよね。普通は一般の人がメインの対象で、しぶしぶ同業者に見せるのですけど、逆パターンというのは初めてですね。

中村　狙いがよかったんだねぇ。

竹原　知りたいのはね、ここを一般の人が見るでしょう。それでほかの家と比べるとこの家の方が断然ステキだと思いますね。それで松彦建設さんに頼みたいとなりますよね。そこでもし、これと同じ家をつくっ

てほしいと頼まれたら、どうするのかということです。あっ、パテント（特許）がはっ付いているんですか？（笑）

伊礼 いや、くっついていないです。

竹原 同じでも設計料をとるの？

伊礼 敷地が異なれば、まったく同じものは難しいと思います。本当に同じものをつくるとなると外構を除いて、この家は4000万円くらいです。35坪ですから、坪115万円ですね（2015年3月現在）。ここは実験的にエコ設備を充実させたことと、化粧材に上級な吉野材を使ったこともあるのでそれなりの価格になっていますが、一般的なものを使えば、もう少し安くなると思いますよ。

竹原 値段を聞いてびっくりして、ならいりませんってことにはならない？

伊礼 工務店からモデルハウスの設計を頼まれる時に、こちら側がやりたいことをやらせてもらうことを条件に引き受けているので、一般の家づくりと比べたら、少し高いものになります。工務店もつくり手として、さまざまな提案をしたいと考えているので張り切ってしまうのです。でも、見て納得する人もいるので、少し金額を抑えれば出してくれる人は少なくないですよ。

中村 まあ、木の建具をたくさん使っているし、枠の加工も手間代がかかるしね。

竹原 サッシも高級なものが入っていますよね。もし、この建具をアルミ製にしてと言われたら、それはやっちゃうの？

伊礼 基本はやりません。開口部は外部との接点、快適さという観点から最も重要なところです。少なくともメインの開口部はダメですよね。

竹原 ということは、雰囲気が変わってしまうからダメですよって、お客さんを説得するということ？

伊礼 そうですね。今、優秀な工務店は皆、そうなってきていますよ。設計事務所に迫るぐらい設計がうまくなっている、なろうとしている工務店が増えているので、なんでもお客さんの言いなりということはしません。設計事務所にとっては脅威ですよ。

右）置かれていた若手設計事務所の住宅実例集を手にとる中村さん
左）「建具が気持ちいい。触ってって語りかけているようだ」（竹原さん）

周囲ののどかな景色を取り込むように開口部を設け、その傍らにデイベッドにもなる奥行880㎜のソファを造り付けた

スタンダードな寸法から発展させていく

竹原　必ずリビングは2階にあるの？

伊礼　いや、そうでもないです。敷地によります。ここは敷地が小さいので、庭が思うように取れず、2階にしました。

竹原　クライアントがいないわけだから、下でも上でもいい。結構自由にできるよね。

中村　モデルハウスとクライアントがいるのとでは、やっぱりつくり方が違うでしょ？

伊礼　そうでもないのです。住む人がいるのかどうかだけの違いで、あとはいつも通りやっています。ここもちゃんと住めるようになっています。モデルハウスだからトイレは要らないとかではなく、いつでも住んで大丈夫なようにつくっています。温熱も考えていますし、洗濯物を干すスペースもあります。そうじゃないと、住宅ではなくなるので、やる気をなくしますよね。

竹原　いつも天井高さや内法の寸法は同じなの？

伊礼　よっぽど敷地条件が特別じゃない限り同じです。

竹原　1階の階段を上がった薪ストーブのスペースや、2階の軒下の高さも、いつも同じ寸法でつくっているということ？　建物によって変えないの？

伊礼　ええ、基本的には変えないです。スタンダードな寸法があって、それをベースに臨機応変に進めます。

竹原　ぼくは、いつも変わりますよ。というよりできるだけ変えていく。前がどうだったかという話は事務所ではあまりしない。最近CADになっているけど、昔は手描き図面で簡単に写せないから、「前の寸法はどうだった？」なんて話にもならなかった。

中村　ぼくもルールはもっていないです。その場で全部違ってきます。

伊礼　基本の寸法を押さえてあるのです。スタンダードはこのくらいってね。

中村　階高はいくつ？

伊礼　2520㎜です。

中村　そう、低いよね。

伊礼　2450㎜まで落とすときもあります。落とせるなら、もっと落とせという感じです。都心で3階建ての場合、北側斜線などが厳しいのでそこまで落としていかないと。ただ、プランによっては、たとえば大梁を使うときには配管ルートなどを考えて、階高を上げることもあります。

竹原　ちなみにクライアントの背の高さは関係ないの？

伊礼　ありますけど、天井に頭をこする人はいないので…。

中村　内法は変えているの？

伊礼　内法は微妙に変えています。1860㎜だったり、1800㎜まで落とすこともあるし、2100㎜でいくこともある。

竹原　もし、こんなすごい（背の高い）客が来たらどうする？

伊礼　それはイレギュラーですね（笑）。

竹原　以前、長屋を改修したときにね、身長が185㎝くらいあって、体重が100kg超えているような人が来たことがあって、「できたら長屋には住まないほうがいい」って言ってしまったことがあります。頭当

右）デイベッドの横には、伊礼智設計室の定番ともいえる、小さな畳スペース。横になったり、読書したりする籠れる場所
左）薪ストーブのスペースは天井高さ2,100㎜に抑えている

寸法は、いつも変わる。というより住宅によって変えていく
——竹原

たるし、大きな体でドシドシと歩かれたら、床が響いてしまって大変。「マンションに行ってください」って言った（笑）。

中村・伊礼　さすが！

竹原　この家は、天井の回り縁がひとつもないよね。これは簡単そうで、納まりとしてすごく難しい。全然、逃げがない。だからそれを、はじめての職人さんと、どのようにしてやってるのかなって思います。

伊礼　自分はいつも一緒なんですよ。標準の納まりがあるのです。でも、やり方が工務店や職人によって違うこともあります。たとえば、ここの外壁は、掻き落しにするために倍ぐらいの厚さを塗ってゾロで掻き落してくれている。普通は、もったいないからここまで厚く塗りません。良い方向にアレンジしてくれています。

　出隅はRで仕上げているでしょう？　丸みをもたせることで壁厚を感じられるようにしているんですけど、ふつうの左官屋さんは、仕事の切れがないので絶対やりたくないと言います。それを松彦建設さんが納まりまで考えてくれたので、できました。

竹原　この外壁の納りは、ふかしているの？

伊礼　そんなにはふかしていないのですが、面倒な仕事ではあったと思います。

竹原　大工も嫌だろうし、左官も嫌がるだろうし。でも同じ形で、見切りや回り縁を入れてしまったら、全然見え方が変わってしまいますよね。伊礼さんは、いろいろな地域工務店とやっているから、そこの職人によって仕上がりが変わってくるわけでしょう？

伊礼　標準化しているので、どの工務店でも一定のクオリティを維持していますが、その工務店がどんな技術を発揮するかででき上がりは変わってきますね。どの工務店も必ず事前に別の現場を見に来てつくり方を観察していきます。そうしてつくったものを、また別の工務店が見に来てと伝言ゲームみたいになっているのですよ。それで出来上がるものが違ってくる。さらに、あそこの工務店よりも、うまくやってやろうとみんな頑張るから（笑）。

右）左官壁と軒天は、見切り材を入れて見切る
左）天井と壁の取り合いには見切りを設けていない

工務店の設計力が上がることは、日本の住宅にとって幸せなこと

中村　このモデルハウスを見て、今の工務店の姿勢とか、あり方に興味をもちました。伊礼さんがなぜ、工務店といっしょに、このようなモデルハウスを建てているかということも。

伊礼　モデルハウスを依頼する工務店の多くは、設計が上手くなりたいという目的があります。優秀な工務店は、勉強熱心ですし、実際につくりながら学べるので設計もうまくなっています。設計事務所と工務店の設計の力量の差はあまりなくなってきましたね。

中村　伊礼さんがそういう工務店を育てて

いるわけでしょう?

伊礼　いえいえ、勝手に上手くなっているのですよ（笑）。工務店が成長したからといって、それに負ける設計事務所では、そもそも成り立ちません。

中村　伊礼さんの標準化という名のもとに、全国に伊礼スタイルが増えていくわけですよね。伊礼さんにとっても日本の住宅にとっても、それが本当にいいことなのかと多少、疑問にも思うんですよね。

伊礼　中村さんも竹原さんも全国の設計事務所や工務店が真似る対象になっていますよ。吉村順三先生は作品集で詳細図を出して、それを多くの設計事務所や工務店が真似して日本のスタンダードになっていった。中村さんと竹原さんの設計もスタンダードになればよいと思っています。正確な真似は絶対にできないんですけれど、ある程度の真似なら皆できるでしょう。皆が学べて、二人の普遍性を高めることが大事なんじゃないかと思います。お二人には、受け継がれるべきところがあるのですよ。

竹原　ぼくも石井流をどう伝授すればよいのかということをいつも考えています。

中村　それで真似されてもよいということ?

竹原　手の内を全部見せても、設計した自分が、常にその先をいっていればよいと思います。ぼくらは自分で新しいものを築いていくということができるから。

伊礼　ぼくが一緒にやっている工務店は、数える程度ですよ。ぼくだけでなく中村さんの設計の真似もたくさんの設計事務所、工務店がしています。でも本当の真似は絶対にできないでしょう。学んで自分らしい設計を見つけていくのだと思います。

中村　そう、安易な感じは否めないけどね。

伊礼　それは、それぞれが決めることだと思います。木造住宅の6割は地域工務店がつくっています。工務店が少しでもいい住宅をつくることにつながればよいと思っています。

竹原　工務店の質を上げようとしているのが伊礼さんですよね。それに対して僕は伊

中村さんと竹原さんの設計もスタンダードになればよいと思っています

――伊礼

礼さんにエールを送ります。僕らの仕事は工務店がしっかりしてもらわないと困るんです。ですが、伊礼さんの設計スクールに入っている工務店には、スクールを早く卒業してその上を目指してください。どっぷりとつからないようにと言ったりしています（笑）。

「学ぶものはたくさんある。もうちょっと他の人を好きになって浮気してみたら面白いで」って。つまり引き出しをいっぱいつくれよと言っているんです。

中村　工務店が変われば、建築家や設計事務所のあり方も明らかに変わってくるわけだよね。それからハウスメーカーも上手くなっている。若い建築家たちが、なかなか住宅で生き残ることが難しくなっているので、今後、住宅建築家はどうなっていくのだろうかと思います。

伊礼　設計事務所も工務店もいっしょになって、よりいい住宅をつくっていければよいと思っています。松彦建設のような工務店が、若い設計者たちとコンビを組んでやっているのはいいと思いますよ。彼らの設計を最大限生かそうとやっているので、設計者も育ちます。

鹿児島のベガハウスも地元の優秀な若い設計者を自社に入れてぼくの設計手法を取り入れたことで、ぐんぐん設計が伸びました。以前と比べて客単価も上がり、今では、多くの工務店が、設計力を磨いて設計・施工でベガハウスのようにやろうとなっています。さらにベガハウスは独自の進化をとげています。

竹原　そのうち設計事務所が、工務店から相見積もりを取られるようになるかな。

伊礼　立場が逆転して、仕返しされる（笑）。

中村　お宅の設計料は何パーセントなの？　なんて聞かれたりしてね。そうなったら、もうこの仕事を辞めよう（笑）。

天井を低く抑えた薪ストーブスペースに対して、吹き抜けのリビングが広がりを感じさせる

第三章

中村好文の仕事

I

住宅の仕立屋になろう

このごろは、「仕立屋」や「テイラー」っていう言葉、とんと聞かなくなりましたね。言葉もそうだし、職業としても目に付かなくなったように思いますが、どうでしょう？　ぼくは海辺の小さな町に生まれ育ちましたが、そんな小さな田舎町にも仕立屋が一軒あり、ガラスのショーウィンドウには筆記体でTaylerと斜め書きしてありました。奥で仕立屋のおじさんがミシンをかけたりしている様子を、友だちとガラス窓におでこをくっつけて見物していました。

大人になってから、テイラーという職業が急に身近な存在になったのは、1990年代の初めごろです。そのころぼくは、香港のカオス的な雰囲気に魅せられて、たびたび香港に出掛けていましたが、そのころの香港には格安で服を仕立ててくれるテイラーがたくさんいて、ぼくのようにまだ仕事の少ない駆け出しの建築家でも気軽にスーツやシャツを仕立てることができたのです。

香港のテイラーといえば、友人から「いい話」を聞いたのも、ちょうどそのころです。友人は、高齢の父親と一緒に香港のペニンシュラホテルに泊まったとき、父親にスーツを仕立ててプレゼントしようと考え、ホテルの下のショッピング階に入っていたテイラーを呼んだそうです。部屋にやって来たテイラーは型紙を作るために何カ所も念入りに採寸したり、持参した分厚い服地のサンプル帳で父親の生地選びの相談に乗ったりして帰っていったそうですが、2日後にはもう仮縫いにやって来て、これまたたっぷり時間をかけて仮縫いをしたうえで、帰りがけに小さな声で友人に「ボタンホールを少し大きめにしておきますね」と言ったのだそうです。友人の父親は数年前に脳溢血で倒れて、右半身が不自由になっていたのですが、採寸しながら「この顧客はボタン掛けが大変そうだ」と察知した結果、そういう発言になったのです。テイラーの眼と思考って、そういう風に具体的なディテールに結びつくところがスゴイですね。この話だけでも充分「いい話」だと思いますが、この話には後日談もありました。2週間ほどして、仕立て上がった服が自宅に送られて来たので、さっそく着てみたところ、脳溢血の後遺症で少し右下がりに傾いていた身体が、服によって矯正され、姿勢がシャッキリして見えた、というのです。友人はテイラーのその気配りに感動し、同時に素晴らしい仕立ての技術に目を瞠ったといいます。

　このふたつの話に、ぼくは感心…というより、深い感銘を受けました。観察力と洞察力と想像力、そして、そのすべてを自分の仕事を通じて表現できるテイラーという職業《プロフェッション》に、憧れに似た気持を抱いたのです。自分は「住宅の仕立屋《テイラー》になろう！」とひそかに心に誓ったのは、実は、このときです。

II

家という施主に仕えて

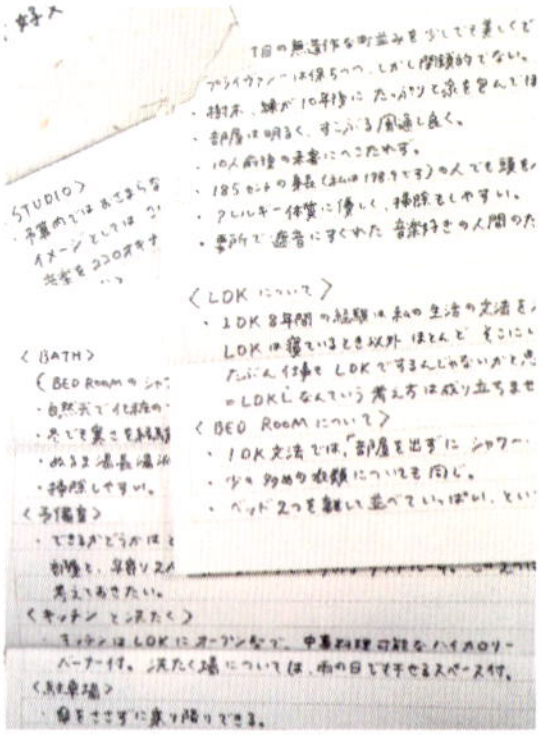

ぼくの事務所では、住宅の設計依頼を受けると、クライアントから要望書を書いてもらうようにしています。ただ、要望書をもらっても、その要望を鵜呑みにして設計に盛り込むことはしません。それでは一種の「御用聞き」になってしまって、建築家の仕事とは言えないと思うからです。大切なのは、その要

右下）あるクライアントから送られて来た滋味のある要望書

望書の文章と文章との間、すなわち行間から、クライアントが新居に対して潜在的に望んでいる事柄を読み取って、それを住宅として具現化すること。それが住宅建築家の腕の見せどころであり、住宅設計という仕事の醍醐味だと考えているからです。もちろん、そのことが住宅建築家ならではの大きな愉しみであることは言うまでもありません。

クライアントにはそれぞれの個性があり、暮らしかたや生き方にも、その人ならではのこだわりや流儀があるものです。住宅建築家というのは、一見、取るに足りない日々の暮らしの些事にも目配りを忘れず、その些事を尊重する気持を持たなくてはならないと思っています。ごくあっさり言えば、「人が好き」「人の暮らしが好き」「人の住まいが好き」でないと、とうてい務まる仕事ではないのです。

ところで、建築家のあいだでは、自分の手掛けた仕事を「作品」と表現する習慣があるようですが、「作品」というと、なんだか建築家の単独プレーみたいで、この言葉になんとなく違和感を覚えます。ぼくには自分の作品をつくっているという意識はあまりなくて、依頼者の家づくりを専門家としてサポートしているという気持のほうが強いからです。もう一度、また、分かりやすく服の世界にたとえますと、パリ・コレで発表するため服を作っている気鋭デザイナーというより、普段着を仕立てている街角の仕立屋ということになるかもしれ

「Asama Hut」のクライアントの加藤典洋夫妻と土間を仕上げる左官材料を現場で検討

ません。もし、作品という言葉を使うのであれば、クライアントとの共同作品であり、職人達との協働作品ということになるでしょうね。建築は建築家だけででき上げるものではなく、クライアントがいて、それを施工する職人衆がいて、はじめてできるもので、決して自分一人ではできないのですから。

もうお気づきでしょうが、ぼくは施主と言わずにクライアントという言葉を意識して使っています。べつに、英語でカッコをつけたいというわけではないんですけど、本来、「施主」というのは「施す主」という意味ですから、そう呼んでしまうと、施しを受けていることになってしまうわけで、ぼくとしてはちょっと釈然としない思いも残るのです（笑）…クライアントという言葉を使うのは、施しを受けているわけではなく、あくまで依頼を受けてやっていると考えたいからです。

で、もし、「施主的な存在」があるとすれば、これからできる「家」だと考えています。ふつうは施主が一番上にいて、その下に設計者がいて、さらにその下に工務店がいて、職人がいるという具合に、上下のヒエラルキーができるわけですが、ぼくはそういう上下関係ではなく、クライアントも設計者も職人衆もみんな横並びになって、自分たちがつくろうとしている「家」に仕えて、力を合わせてやっていくというのが理想のかたちだと考えています。

住宅は、
クライアントとの
「共同作品」であり、
職人衆との
「協働作品」である。

「Asama　Hut」(2003年竣工、丸山技建）の土間を吹き抜けから見おろす。土間はモルタルに籾殻（もみがら）と柿渋を混入して仕上げている

Ⅲ

設計料は設計という「芸」でお返しする

クライアントから頂戴する設計・監理料は設計する建築家からすれば、相応……というより、少ないと思うのですが（笑）、支払うクライアントの立場にしてみれば、ずいぶん高いものだと思います。ですから、頂戴した設計料はプロとしての知識や経験や技術、それにセンスという建築家ならではの「芸」で、

右下）ミナペルホネンの保養所「ホシハナ休寛荘」の屋根裏に通じる直径１メートルの螺旋階段は、「ジャックと豆の木」の蔓のように…という言葉と木材を自在に扱う木工の芸の合作

お返ししたいものだと思っています。建物が完成し、新居での生活が始まったとき「ああ、やはりあの建築家に頼んで良かった。住まいというものをこんなに楽しめるなら支払った設計料は高くはなかった、いや、むしろ安いぐらいだ…」と思ってもらえる住宅を設計したいと、常々、考えています。ご主人はよろこんでいるけど、奥さんにはどこか不満があるとか、両親は満足そうだけど、子供たちにとっては楽しい家ではない、というのではなく、家族全員がその家に暮らすことで、それぞれに幸せな気分になり、心豊かになり、愛着を感じてくれるような家づくりを心がけたいのです。頂戴した設計料を、自己表現のため、自己満足のため、自己宣伝のために無駄遣いするようなことはせず、まずは設計という「芸」で、きっちりお返しする。住宅設計のプロとして、まずはそこまでやりたいと考えています。

ぼくに設計を依頼してくれるクライアントのほとんどは、いわゆる富裕層ではなく、市井の庶民層ですから、家をつくろうと決めたら生活費を切り詰め、貯金をかき集め、ローンを組むなどして、ギリギリで建築資金を調達して家づくりに臨むわけです。そのことを肝に銘じておかなくてはなりません。

また黒澤明の映画の話になりますが、「七人の侍」という映画は百姓が野武士と戦うために侍を雇う話です。雇われた侍のリーダー勘兵衛は、貧しい百姓たちの差し出す茶碗に盛られた白い飯を受け取って「この飯、おろそかには食わ

「門前のゲストハウス」(2013年竣工、茶花工務店)。塗師・赤木明登が手に入れた能登半島の民家をゲストハウスに改修。改修の見どころは2層分の壁を埋め尽くす本棚、漆塗りの床と梁など手工芸的な職人仕事

んぞ」と言う感動的なシーンがありますが、この白い飯と同様に、市井の住宅建築家としては、頂戴する設計料を「おろそかにしない」という気持を片時も忘れてはいけないと思っています。

ところでぼくの事務所では設計・監理料をいわゆる工事費の何%というような料率制にしていません。料率制だと、工事費を安くするために工夫したり、手間ヒマをかけたりすることが、そのまま設計料を値下げすることになってしまうわけで、どう考えても変です。また、東京、大阪などの都市部と地方では人件費なども違いますから、工事費は当然違ってきます。同じ設計内容なのに都市部と地方で設計料に格差が出るのもおかしいですよね。このように料率制にはいろいろ問題が多いのです。それより、ひと坪設計するのにいくらかかるかと考える坪単価制のほうが合理的だと思うので、ぼく事務所では坪単価制にしています。

坪単価は面積や構造によっても違いますが、仮に13万円/坪とすると、床面積30坪の住宅は30坪×13万円で、390万円ということになります。ぼく事務所ではどの家でも台所などの造り付けの家具をその都度デザインしていますし、テーブルなどの置き家具も希望があればデザインしていますが、設計料にはその家具のデザイン料も含まれています。そう考えると、ほら、ずいぶん良心的でお得な設計料(笑)ということになると思うのですが、いかがですか?

IV

クライアントと好文組

学生時代から住宅設計と家具デザインをライフワークにしたいと思っていましたが、幸いその願いが叶ってこの仕事ひとすじに30数年間やってきました。長く続けてこられたのは、この仕事には充実感と愉しみという両輪がついていて、ぼくを前に前にといい具合に引っ張ってくれたからだと思います。

まず、なんといっても素敵なクライアントに恵まれたこと。予算的にも敷地条件的にも「恵まれた」とは言いにくい仕事も多かったのですが、クライアントには本当に恵まれました。ちょっと考えただけでも、いつの間にか無二の親友や、家族のように親密なクライアントが多いのです。あ、でも、クライアントのほうがどう思っているか、知りませんよ（笑）。

仕事ですから、思うにまかせなかったり、予想外のトラブルに巻き込まれたり、近隣からの理不尽なクレームに翻弄されたこともありましたが、大体は自分の知識と経験と技術、それに、自分の持てるセンスやアイデアを出し切って設計に没頭できたと思います。それもこれも、良き理解者であるクライアントがいてくれたおかげです。

上段）プレカットではなく、すべて手刻みによる羽根建築工房の仕事
中段）右：真狩村「Boulangerie Jin」の付属小屋をスタッフ総出で施工／中：温かな灯りがもれる雪景色の小屋／左：クライアントの神さんと手作りしたツリーハウスの雪かき
下段）20代からの友人だった家具職人・村上富朗（故人）の工房で村上さんと家具製作に励む中村さん

地鎮祭と上棟式には、中村さんが「職人のタキシード」と呼ぶ揃いの印半纏を着用

クライアントに恵まれたことと同時に、仕事熱心で意欲的な工務店や職人たちに出会え、長年一緒に仕事することができたこともラッキーでした。

映画の世界には「黒澤組」とか「小津組」という言葉があって、俳優はもちろんのこと、製作スタッフであるスクリプターもカメラマンも美術監督も衣装も録音も同じメンバーで映画制作にあたることを指しますが、ぼくの仕事もこれによく似ていると思っています。独立して間もないころ、ふと、思いついて、浅草の祭り用品の専門店で、地鎮祭や上棟式などの祭事に着るための印半纏《しるしばんてん》を誂《あつら》えました。昔の職人は自分の職業で使う道具を図案化して半纏の背中に染め抜き「自分はこんな仕事をしているんだぜ」とアピールしたと聞きましたので、設計の道具のT定規を図案化して染めてもらい、衽《おくみ》には「好文組」と入れたのです。もちろん、「黒澤組」や「小津組」にあやかりたくてそうしたのですが、今にして思うと、工務店や職人たちとの、その後の長い付き合い方を予言したようなことになりました。

なかでも、とくに「好文組」の意識が強いのは家具職人たちかもしれません。一緒にいちばん長く仕事している家具職人は、ぼくが職業訓練校の木工科にいたときの同級生ですから、もう、かれこれ40年近い付き合いってことになります。こういう「好文組」の職人たちには、北海道から沖縄まで、全国各地、どこにでも一緒に行ってもらっています。もっとも、その「好文組」の職人たち

完成パーティ用に誂えた中村さんのスケッチをプリントしたTシャツ

は陰で自分たちのことを「被害者同盟」と呼んでいるらしいんです（笑）。

毎度と言うわけにはいきませんが、建物が完成した暁には、クライアントにお願いして、工務店の現場監督や職人たちを労う完成パーティを開いてもらっていますが、仕事をやり遂げたあと、職人たちとは一種の戦友的な友情関係が生まれますから、この完成パーティは盛り上がって楽しいですよ。あとで紹介するルナハウスの完成パーティでは、クライアントへの完成祝いのプレゼントと、職人衆に対するねぎらいの意味をこめて、友人のリュート奏者、つのだたかしさんを招いて演奏してもらいました。床と壁と天井にリュートの繊細な音色を染みこませて、この仕事のフィナーレにしたいと考えたのです。おかげで、気持を込めて取り組んだ仕事を、気持を込めたイベントで締めくくることができました。クライアントも職人もお揃いのTシャツを着て、家中に笑顔と笑い声のあふれる愉快な完成パーティになりました。こうして完成パーティを愉快に盛り上げるのも、建築家の「芸」のうちでしょうね。

ぼくの場合、こうして生まれた連帯感や信頼関係が次の仕事に繋がっていくのです。

「ルナハウス」の完成パーティ。この日のために誂えたオリジナルのTシャツを着て、和気あいあいのひととき

六甲の週末住宅

ルナハウスを訪れて

今回、竹原さんと伊礼さんには、六甲の週末住宅Luna House《ルナハウス》をご覧いただきます。Luna《ルナ》は、イタリア語で月。六甲山の中腹に建つこの週末住宅は眺めが素晴らしく、夜には眼下にいわゆる「100万ドルの夜景」が広がります。ここでは、夜空に浮かぶ月がとても大きく、間近に眺められます。工事中に生まれたお嬢さんの名前は「みつき」ちゃん。この名前からの連想もあり、Luna Houseと名付けました。——中村好文

Luna House

右）アプローチの小径を下り、エキスパンドメタルの太鼓橋を渡ると、そこが玄関ポーチ
左）シェーカーのペグ・ボード、アンティック・スウィッチ、ベンチなどの小物にも細やかな心配りの感じられる玄関

ルナハウスは、料理と食事が楽しめるように食堂が中心のプランになっている

食堂の一角にイングヌック（入込み暖炉）が設えられている。L型のソファに座ると目の前に薪のはぜる音と炎の楽しめる暖炉が待ち構えている

下）表面を槍がんなで仕上げた杉の床板は、さざ波の水面のようなテクスチュアを持っている。二本ひと組の床柱は墨染め仕上げ

上）壁、天井、収納扉とも鳥の子紙の袋貼り。障子は和紙の太鼓張りで、部屋全体は繭玉の中のように優しい空気に包まれている

直感的に決めた天井の高さ

竹原　高さも窓の位置も、すべてが景色のためにつくられた空間ですね。(窓の外を見ながら) 残念ながら今日は霧がかかってしまっているけど、きっと素晴らしい景色なんやろうね。

中村　天気のいい夜は、眼下はまるで光の海です。溜め息がでるぐらい煌びやかで豪勢な眺めですよ。

竹原　いいところやなあ。窓の外のアカマツも、天然の姿がとても美しい。

中村　この別荘は、ここにあったＲＣ造の建物のスラブから上だけを解体撤去し、その上に木造平屋の建物を載せたものです。基礎もおおきかったし、スラブを支えていた堅牢な柱・梁を解体することで大量の産業廃棄物を出すことも避けたかった。なによりも崖にダメージを与えたくなかったので大幅に減築したんです。そんなわけで、床面積は決まっていたし、建物を軽くしたいという理由で、最初から木造平屋建てに決めていました。家そのものは小さくても、空間のしつらえかたや、開口部の工夫によって広々と感じられるようにしたいと考えました。

伊礼　天井がだいぶ高いですよね。３２００㎜ですか?

ルナハウスのダイニングの窓から外を眺める3人。この日は雨天で100万ドルの夜景は見られなかったが、窓の外にはアカマツが水墨画のような美しい景色をつくっていた

三月十五日（二〇一五年）
案内者　中村好文
訪問者　竹原義二
伊礼智

中村　あ、惜しいな、3300㎜です（笑）。最初にここを見に来たとき、直感的に天井の高さを3300㎜にしようと決めました。建物を低く抑えてしまうと、目の前に広がる風景と呼応しなくなるし、なによりも大らかな感じがなくなると思ったのです。3300㎜に根拠はありませんが、3000㎜ではちょっと低いなと…このへんは理屈ではなく勘ですね。

住宅の場合、「軒高も天井も低くつくるのがいい」という考え方がありますよね。あのフランク・ロイド・ライトを筆頭に、吉村順三先生もそうだったし、白井晟一さんもそうだった。村野藤吾さんなんかは「天井の高いのは、野暮だし成金趣味だ」みたいなことを言っています。確かにそうだと思うけれど、「そればかりじゃないでしょう?」という思いが、ずっとぼくにはありました。たとえばフィリップ・ジョンソンの「タウン・ハウス」や「ガラスの家」なんかを見に行くと、天井が高いことで独特の居心地の良さを感じるのです。

さいわいここはアプローチより敷地が下がっていることと、平屋なので軒高が多少上がっても建物が威張って見えないだろうという目算《よみ》もありました。

上・中）既存の建物の基礎を残してスラブ上を撤去し、そのうえに木造の平屋を建てる計画とした
下）ルナハウスは傾斜地に突き出るようにして建つ

いいところやなぁ。天然のアカマツがとても美しい。

——竹原

目の前に広がる風景と呼応するように

——中村

伊礼　バルコニーも、景色に対して開いていて気持ちよさそう。広いですよね。軒の高さは、4000㎜くらいですか？

中村　いえ、居間の天井がそのまま繋がっていくので3300㎜です。大きな軒がバルコニー全体を覆っていて、多少、暗くなるかなと懸念したけれど、高さがあるので部屋の明るさにはほとんど影響がなかったのが意外な発見でした。

伊礼　中村さんにしては壁が厚いなと思ったのですが、これはカーテンボックスを隠すために壁をふかしているんですよね？

中村　この家では、開口部に枠を付けたくなかったんです。額縁をやめて壁面がスパっと切れているように見せたかった。余分な線をできるだけ消そうと考えたんです。窓も枠なしで壁を塗り回しています。

伊礼　ぼくもたまにやります。壁をふかすとハリボテになるので、多少、抵抗はありますが、景色を切り取るように窓をつくるには、カーテンボックスやサッシのハンドルがあるとうるさくなってしまうのでね。

竹原　そこが、ぼくの場合とはまったく納め方が違いますよね。伊礼さんや中村さんは構造体がまったく見えないけれど、ぼくは構造体が見えてくるから。戦い方が全然違うよね。

伊礼　枠廻りの納まりで、普通のアルミサッシでも壁を少しだけふかしたり、サッシを特注してミリ単位で縮めたりします。僕の真似をしている工務店はいっぱいいるけど、このことは意外と気づかれていないんです。

左）木製サッシと壁の間にブラインドボックスが仕込まれている
下）風景を美しく見せるために、窓に額縁状の枠を付けず、壁をスパッと切り取った開口部。開口部の先には、風景の中に差し出すように広々としたテラスが設けられている

家具職人と二人三脚でつくる手触りのよい住宅

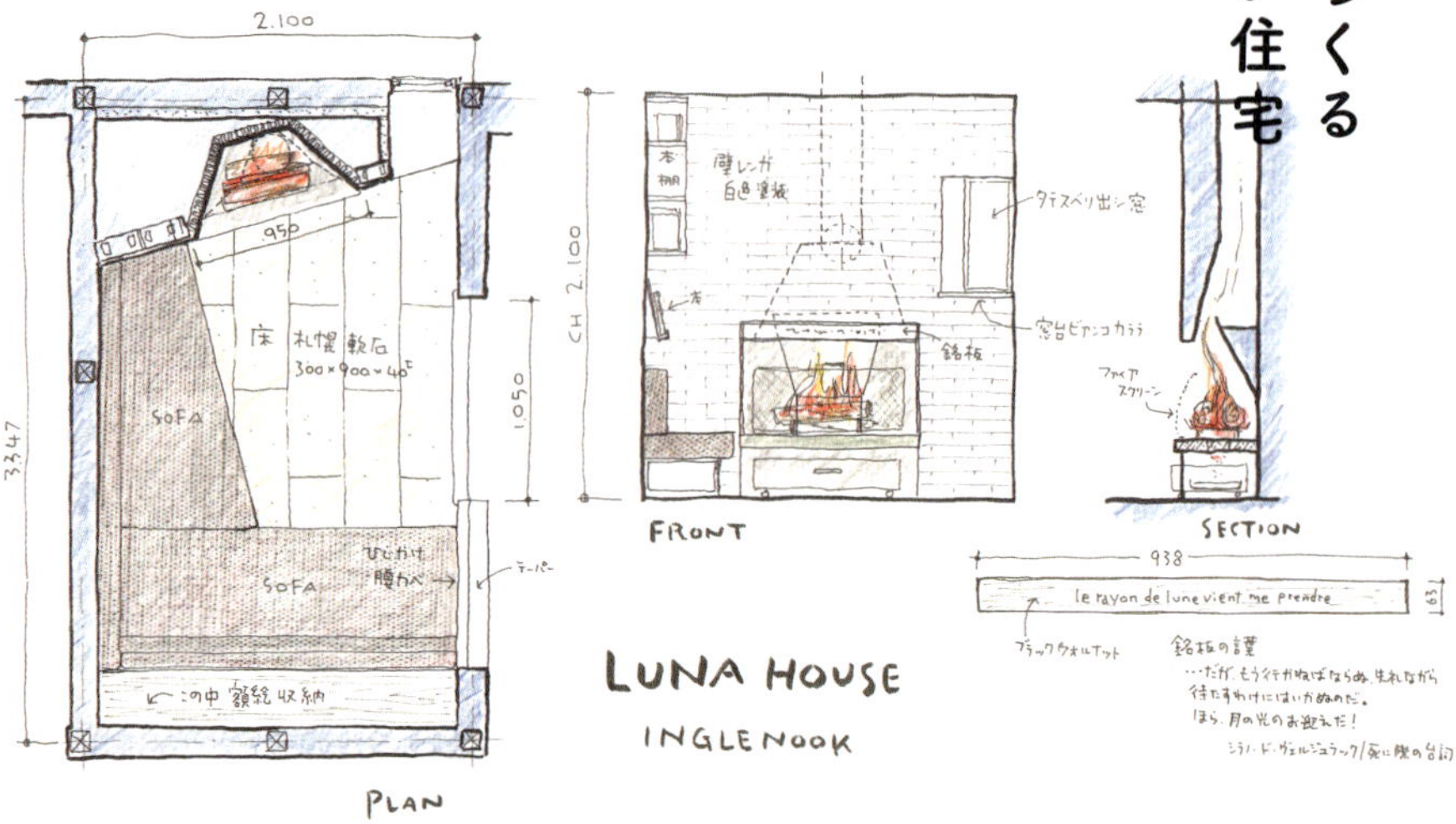

竹原　中村さんは、居場所づくりが上手ですよね。このコーナーのイングルヌック（入り込み暖炉）が、空間に違和感なく納まっている。こういうところって、プランになかなか入れにくいですよね。隅につくったらええってもんでもないし。しかも、かたちを台形状にして、床を一段下げているところもいい。限られた枠組みのなかで、こういうことをさらっとやれるのは、すごい。これは中村さんが続けてきたからできる、1つの手法やな。

中村　先ほど話したように、既存のスラブの上に載せたので床面積は限られていて、居間と食堂の両方を広々と確保することが

こぢんまりしたイングルヌックの童話的なスケール感は子供たちのお気に入り

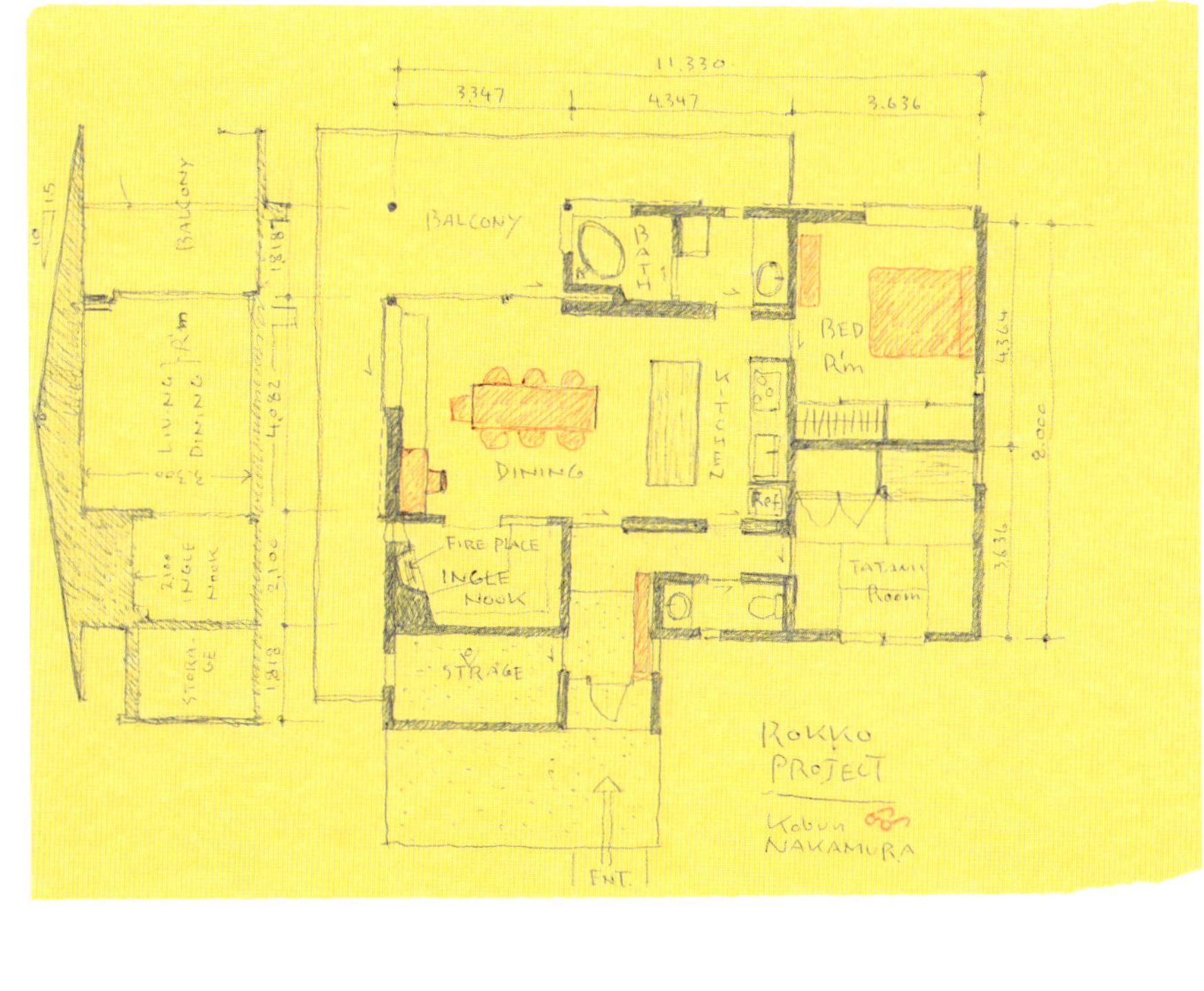

難しかったので、いわゆる居間ではなく、イングルヌックにしてくつろぐ場所にしたのです。ここは週末住宅ですが、奥様がフランス料理の先生ということもあって、食事会や料理教室にも使われるので、キッチンとダイニングが中心のプランになっています。

竹原　いやぁ、久しぶりに大人の建築を見たなぁという感想です。なんというか、いい映画を見た後の、得したなあという気持ちに似ている。

伊礼　中村さんの家はすべてが、家具の手触りでつくられていますよね。たとえばコーナーの柱。普通は四角いままでいくのですが、あえて丸柱で納めています。化粧柱なのかなと思って、外に出て確認してみたのですが、ちゃんと構造柱でした。ハリボテじゃない。見せ方の問題なんですよね。家具のレベルで考えられているのです。ひと味もふた味も違うことをやっている。

竹原　このレベルは、なかなかできないよね。

伊礼　経験がいりますよ。あと家具職人がいないとできないと思う。和室のふすまの取っ手一つにしても、パーツパーツがきちんと家具屋さんのレベルでつくられているのです。

　僕は、大工でつくる家具をどこまでやれるか、というのがテーマです。大工につくってもらうと、すべて造り付けですから、逃げなくやれる点がメリットです。中村さんは家具職人とつくっているから、一見、造り付けに見える窓際のベンチも、あれは置いてあるんですよね？

右）和室の収納の取っ手。ウォールナット材を削り出して製作
左）食堂窓のコーナー部分には削り出した丸太が使われている

上）いわゆる食器戸棚の替わりに、大量の食器を収納することのできる引き出しがデザインされたキッチン
下）引き出しのプロポーション、挽物による特製つまみはシェーカー家具へのオマージュとのこと

すべてが
家具の手触りで
つくられている

―― 伊礼

中村　そうですね。全国どこで仕事しても、家具だけは、30年来二人三脚でやってきた家具職人を連れて行ってやってもらっています。螺旋階段に蔓草のような木製の手摺を付けるために、長野から鹿児島まで一緒に行ってもらったこともあります。

伊礼　自分のチームでつくって持っていく。だから、どの地方で、どの工務店で施工しても、家具のクオリティを保てるのです。僕の場合は、そうでないので標準化して図面をきちんと描いて、工務店に造ってもらうというやり方なんです。

竹原　そこに標準化があるんだ。

伊礼　僕は家具デザイナーじゃないし、中村さんみたいにはできないから。でも工務店によって、仕上がりのレベルが違うというのは我慢できないんですね。そのためにどうするか、ということです。

竹原　確かに地方によって、全然、捉え方が違うもんね。角がええと言っているのに、すぐ面をとったり、こっちのほうが優しいですって全部丸になっていたりね。

中村　特に家具はエッジのR（丸面）が1ミリ違っても、まるで印象が違ってしまいますからね。好文組と呼んでいる家具職人の仲間は、台所などの造り付け家具をつくる職人とテーブルや椅子など無垢材の家具をつくる職人が、それぞれ何人かいますが、いちばん古い職人は、ぼくが都立の職業訓練校で家具職人の手ほどきを受けていたときの同級生で、28歳からの付き合いです。

伊礼　そこが安定しているんですよね。だから、中村さんは標準化されていると思うのです。もし標準化と言うのに抵抗があるなら、下ごしらえをしっかりやっているということです。それがなければ、絶対にレベルが高いことはできない。外すときは外しますから。

中村　家具の仕事だけでなく、人間的にも信頼できる腕のいい職人たちと一緒に仕事をしたいという想いは、若いころからありました。職人たちと「ああでもない、こうでもない」と試行錯誤しながら、ものづくりの下ごしらえをしたことになりますかね。

右）ラパン（うさぎ）と名付けられた子供椅子も中村さんのデザイン
左）窓際のベンチで子供たちと遊ぶライターの金田麦子さん

景色を眺めるための
ロマンチックな隠れ家

ルナハットは、ルナハウスから４０メートルほど離れた場所に建てられた

実は、もっと眺めのよい
場所があるんです。
さきほど、車を降りたときに
見えたでしょう?
行きましょう。——中村

Luna《ルナ》 Hut《ハット》ですね!——伊礼

（一同は敷地内の小屋へ移動）

中村　こちらは母屋よりも高い位置にあることと、目の前に視界を遮る樹木がないので、素晴らしい眺望です。現場に来たときは、いつもここで景色を眺めながらボンヤリしていたんですが、あるときクライアントの板倉さんに「ここに小屋つくりませんか?」って持ちかけたら、即座に「いいですね、やりましょう!」って快諾してくれて、めでたく実現しました。板倉さんは

眼下に100万ドルの夜景
を見晴るかすルナハット

建築に対する造詣も深く、建築家の良き理解者です。ちょっとパトロン的なセンスの持ち主といえばいいですかね。

竹原　（小屋を外から眺めながら）置かれている位置が絶妙やな。点が打たれているというか、これがあることで全体のバランスがとられていますね。母屋のほうは下がり込んでいたのに対して、こちらは地上面にあって、このレベルの差がまたいい。密集地を中心にやってきた僕とは、空間の置き方が違うなぁ。

伊礼　シルエットが美しいですね。広さはどのくらいですか？

中村　2坪です。ご覧のとおり、ただ景色を眺めるだけの小屋。部屋のなかには楕円形のマットレスがあって、円弧状の背もたれパネルがあり、それによりかかって大きなピクチャー・ウインドウで切り取られた風景を眺めます。窓はＦＩＸガラスで下に通風用のルーバー窓をつけました。

伊礼　（中のクッションに座って）お、天井が芹ケ沢の山荘のように幕天井になっていますね。

中村　ここでは、天蓋付きのベッドのような親密《インティメイト》な居心地の良さを出したいと考えました。もともとこの小屋そのものが隠れ家的な雰囲気を持っていますが、布天井を透過するやわらかい光で、そのロマンチックな雰囲気をいっそう盛り上げようとしたんです。

　さて、ここでおふたりに言わせてもらいますけど、ここはこうやってむさ苦しいオヤジ3人が座るのは設計者として本意ではなく……というよりはなはだ遺憾で（笑）、できれば、ひとりで、または仲睦まじい男女だけでひっそりと過ごしてもらいたいスペースなんですよ（笑）。

竹原　映画でいったら、この小屋は名脇役ですね。母屋とどっちが主役か分からない（笑）。小屋だけでなく、食堂のテーブルも、浴室の浴槽も、和室のしつらえも、ひとつひとつに持ち味があって、どの脇役も主役になれる、名優が揃っている、これが中村さんの建築のすごさやね。

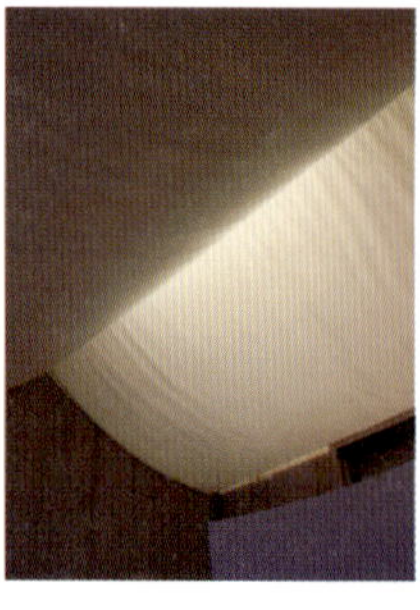

右）天幕のような布で拡散された光が室内を柔らかく照らす
左）「ここにオヤジ３人が座るのは本意ではない」と設計者から苦言あり

上）風景を切り取るピクチュアウィンド。窓下に通風用のルーバー窓
下）敷地の中でいちばん眺めの良い場所に建てられた

クッションでくつろぐ3人の足先は、青・赤・黄色。靴下も三人三様！

三人三様の住宅を見た後で

中村　今回、見学して歩いた三軒の家は3つともまるで傾向が違っているところが、おもしろかった。目指している世界が違うというか、拠って立つところが違うのがそのまま作品に表れていて、まさに三人三様。

伊礼　どういうところに寄り添ってものをつくっているかというのは面白いですね。

竹原　表現しているものが違うだけで、三人とも原点というか本質は同じじゃな。

中村　たとえば岡山の閑谷学校のように好きな建築も同じなのに、設計すると全然違うものになる。それが個性ということですよね。同じではおもしろくないし。

竹原　源流は同じ。

伊礼　兄弟みたいなものですね。

中村　そう、でも母親が違う（三人爆笑）

第四章

三人三様の流儀

◎三人の関係

永い付き合いになったね

中村　竹原さんとは古くからの付き合いです。同じ歳だし、単刀直入、ざっくばらんな人柄なので気が合った。いつだったか忘れたけど、竹原さんに「好文のようにあっさりした設計は関西ではウケないんや」って言われたことがあってね。こんなこと普通だったら言えないけど、竹原さんはズバリと言うから面白い。

竹原　え、そんなこといった？　30歳のころからいつも一緒に雑誌に載っていましたよね。自分の掲載ページを見ると、その前後に必ず中村さんがいる（笑）。住宅では、東の好文、西の竹原みたいなときがありました。

中村　一時期、竹原さんに依頼しようか、ぼくにしようかと迷うクライアントが結構いました。あるクライアントも迷いに迷って、結局、東京在住ということで、ぼくが設計したんだけど、「ぜひ、竹原さんと一緒に呑みたい」って言って、本来なら商売敵の我々ふたりを誘った（笑）。そして大阪の天ぷら屋で3人で呑んだことがあった。いつの間にか、永い付き合いになったね。

竹原　あった、あった！　確か、法善寺横丁の小料理屋さんだったかな。あの頃は本当によくバッティングしたなぁ（笑）。自分がよく覚えているのは、第1回の吉岡賞※のとき。宮脇檀さん、篠原一男さん、鈴木博之さんの三人が審査員だったときのことです。最終選考のなかに中村さんと自分がいて、「竹原か、好文か」って言われたりして、結局、中村さんの「三谷さんの家」が選ばれたんですよね。三谷さんの家は、切妻屋根の普通の家に見えるんだけど、平面図をよく見ると、回遊性をもった住みやすい家。窓のバランスがとてもよくて、やっぱり中村さんはうまいよね。

中村　竹原さんに褒められるとなぜかうれしい。あのあとでぼくが「賞を貰うことは、そんなにたいしたことではないんじゃないの？」といったら、竹原さんに「自分はね、賞をもらっているからそういうことが言えるんだろう！」と言われたのを覚えています（笑）。
でも、その竹原さんは、その後、村野藤吾賞※やらなにやら、立派な賞を沢山貰っていますよね。

竹原　同じような走り方をしてきたからね。

伊礼人気に便乗

伊礼　ぼくにとって、お二人は尊敬する先輩。学生時代に、いつも雑誌で二人の活躍を見ていました。今、こうしてお二人と肩を並べて話していること自体、畏れ多いと思っています。

竹原　この企画は、ここに伊礼さんが入っているから面白いんですよ。ぼくらとはちょうどひとまわり年齢が違うのかな。

伊礼　竹原さんとお会いしたのは最近ですが、ぼくはずっと知っていました。学生のときに宮脇檀さんか石井修さんの事務所に就職したいと思っていたので、石井さんの一番弟子ともいえる竹原さんのことは、雑誌なんかでいつも見ていたのです。

竹原　伊礼さんの住宅デザイン学校に講師としてよんでいただいたのが、初めてでしたね。初対面なのに、そんな気がしなかったのは、伊礼さんの誠実な人柄からなのかな。

伊礼　中村さんとは、丸谷博男さんのところにいたころだから、30歳代からのお付き合いですよね。何かと声をかけていただいた。ある先生の受賞パーティでは、準備に呼び出され、デパートの地下でワインを両手いっぱい持たされて、「伊礼くん、こっちこっち」とこき使われたことを思い出します。

中村　くんづけで呼んで申しわけないと思いつつ、いつもは、つい伊礼くんと呼んでしまうんだよね。だからここからは伊礼くんにします（笑）。伊礼くんは最初に会ったときから、柔和な雰囲気はまったく変わりません。今、大学で伊礼くんとコンビで2年生の設計の授業を受け持っているけど、伊礼くんは学生に対しても常に穏やかで優しい先生。ごくたまに厳しいことを言っても、目元が笑っている感じなので、全～然、恐くない（笑）。設計事務所に行きたい女子学生が何人も伊礼事務所に就職するので、ぼくは「駆け込み寺」とか「尼寺」と呼んでいたことがあります（笑）。

竹原　それにしても伊礼さんは最近活躍していますよね。時の人、すごいな。

中村　そうそう、竹原さんとぼくは「伊礼人気」に便乗して、この本を出版することになったのだから（笑）

※吉岡賞
建築雑誌「新建築住宅特集」の新人賞として1987年に創設された。2008年に新建築賞へと改称されるも、2013年に吉岡賞へと再改称された

※村野藤吾賞
建築家・村野藤吾（むらの・とうご）の功績を記念し、1987年に設立された。毎年、建築界に感銘を与えた建築作品を設計した建築家ひとりに与えられる

◎建築家になったきっかけ

きっかけというきっかけはない

伊礼　ぼくは沖縄生まれということもあり、幼いころから目に入ってくる建築は小さな住宅ばかりで、ビルなんかはなかったし、高校生のころまで建築という世界をまったく意識していませんでした。ただ、子どもの頃から絵を描くのが好きで、すごい集中力で描いていました。今はまったくないですけど（笑）。それで絵を描いて食べていけたらなあと漠然と思っていました。だから、地元の琉球大学の美術学部に入って教員の免許を取って、美術の先生ぐらいになれたらいいかなと考えていました。それが、あるときテレビのコマーシャルで清家清先生を見たんですね。

中村　あ、あのダバダ〜♪ってやつね？

伊礼　そうそう、ダバダの宣伝（笑）。それを見て、かっこいいなと思っていたら、その清家清が琉球大学に新設される建設工学科の教授になると聞いて、「あの人が来るなら建築もよいかもしれない」と思ったのです。初めて建築を意識したのは、このときですね。それで受けたら合格して、建築をやることになったんですよ。「絵の延長線上だろう」って思っていたら、工学系の勉強ばかりで大変でした（笑）。

中村　ぼくも、建築の文化のないところで育ったから、高校生まで建築家という職業を知らなかった。でも絵を描いたり、ものをつくったりするのが好きだったから、美術大学に入って、それがたまたま建築学科だったから、建築家になったという感じ。入ったら建築の世界が面白くてすっかり「ハマって」しまった。

伊礼　決定的だったのは、大学3年生のときに工事中の沖縄県名護市庁舎（設計：象設計集団）を見たときでした。その迫力に圧倒されました。コンクリートの塊感とにおい、そのくっきりとした陰影と立体感がすごかった。強烈な印象とともに、建築の力というものを感じましたね。竹原さんは、建築をはじめようと思った時に、憧れた建築家はいましたか？

竹原　いましたよ。丹下健三さんです。1964年の東京オリンピックで、16歳のとき、代々木屋内競技場の建築を見て衝撃を受けました。こんな建築ができるのかと魂が震えるような感動を覚えました。

ぼくの場合は、きっかけというか実家が工務店で、叔父が設計事務所をやっていたので、建築に関わる職業につきたいというのはありましたね。小さいときから神社仏閣ばかり連れて行かれたから、そういうものを見るのに慣れていたしね。

中村　どういう工務店？　神社仏閣関係の専門？

竹原　いやいや、普通の町の工務店。叔父が設計をしていたので、図面を目にする環境にあった。図面を描いているところを見て、「ああ、建築ってこんなことするんだ」って具体的に思った。叔父の描いている図面がすごく格好良かったんですよ。そんな叔父に「回り道をしろ、そこに本質を見ることができる。早さが大切なのではない。むしろ、回り道をすることで個性が育つんだ」と諭されたのを覚えています。

中村　そのころってT定規だった？　平行定規？

竹原　平行定規ではなくてT定規だった。図面を引くのを手伝ったりしていましたよ。

中村　職業にしようと思ったのは、いつごろのこと？

竹原　中学生が終わるぐらい。こんな仕事をしてみたいなあって思っていました。

伊礼　早いですね。

竹原　ただ、一方で親父とは違うことをしたいという気持ちがなかったわけではないんですよ。でも、親父が死んだときに気持ちが決まりましたね。本気で建築をやろうって。あとは人との出会いが大きい。先生、友達、同僚…。よい出会いがあったから、建築の道に進むことができたと思っています。どんな人と知り合えるかによって人生は変わりますよね。チャンスはいっぱいあるけど、それをいかに手元に引き寄せられるかだと思うんです。建築家になれるかどうかというよりも、チャンスをものにできるかどうかの結果ではないでしょうか。

中村さんの第一印象は？

竹原 ――

こどもの心を持つ素直な人

伊礼 ――

神経質そうな文学者!!

◎少年時代

貧しかったけど、夢があった

中村　自慢じゃないけど、ぼくの生まれ育った町にはコンクリートの建物がなくて、公民館が木造の3階建てで、一番高い建物だった。ぼくの町では2階建ては高層建築、3階建ては超高層建築だった（笑）

伊礼　確かに、公民館がかっこいい建築でした。

中村　南京下見板でペンキ塗りだと、どこか洋館的な雰囲気があるしね。

竹原　小中学校の校舎も木造だったからね。

中村　木造といえばぼくの生家は南と西にL型に縁側が巡っている茅葺き屋根の民家でね、目の前に防風防砂の松林があり、その松林を抜けるとどこまでも続く白砂の九十九里浜。夢のようにいいところだった。ま、昔の話だから自分の中でだんだん美化されていますけどね（笑）。海辺だから、午前中はこっちから、夕方はあっちからという具合に海風と陸風があって、縁側のこの場所はこの時間に涼しいとか、そのポイントを家族みんなが知っているから、場所取り合戦はけっこう熾烈だった。

竹原　猫みたい（笑）

中村　そうだね。冬は猫と一緒に南側の縁側で日なたぼっこするのが好きだったし、夏は大きなネムノキの木陰になる西側に縁側が気持良くて、その木陰で本を読んだりするのが好きだった。押し入れの中も好きだったし、こたつももちろん好きだった。

それから、木登りがものすごく好きだった。家のまわりの木には全部登ったと思う。防砂林の松林がずーっと続いているから、登る木には事欠かなかったしね。体が小さくて体重も軽いから、わりと上のほうまで登っても大丈夫なので、誰よりも早く、誰よりも高いところまで登れた。高いところまで登って木の枝に腰掛けて海を眺めるのは格別に気持がいいんだよ。沖のほうから漁船の焼き玉エンジンの音なんかが聞こえてきたりしてね。今にして思えば、そんなふうに子供のころ居心地のいい場所にいたことが、自分の住宅設計の原点になっているような気がする。

竹原　それは戦後10年ぐらい経ったときのことかな。ぼくの家は町中にあって、周囲は小さな家が建てこんでいました。ただ、工場の跡地が空地になっていたので、そこで暗くなるまでボールを蹴ってよく遊びましたね。まだ家電製品が羽振りをきかしていない時代で貧しいというより、みんなが同じ暮らしをしていたんだよね。ものがなかったから、物を大事にして、みんな同じように分け与えられているような時代。

中村　なにしろ、日本中、貧しいんだから。

竹原　そう、どの家に行っても同じものしか置いていない。テレビも一家に一台で、チャンネルの選択肢がない。今みたいにたくさん番組があるわけではないから、見ている映画もラジオもみんな一緒だった。みんながまぶしい時代の中で徐々に徐々に生活が上がっていった。

伊礼　高度経済成長期ですからねえ。

中村　東京オリンピックが1964年で、高校1年生の時だった。そこですごく日本は変わったんだよね。

竹原　一瞬でレベルがぐーっと上がっていく感じ。その中に、みんなが一緒にいるという感覚。ぼくらはいい時代に育ったんですよ。貧しかったけど、夢があった。やんちゃな子供時代を過ごしたんですよね。

中村　田舎にいても、そういう時代が変わっていく気配は感じていましたからね。

伊礼　ぼくは小学生ですね。まだ沖縄はアメリカでした。中学1年生から日本になったから、まだドルを使っていた頃です。当時の沖縄は、建物が一気にコンクリートに変わっていった時代でした。どんどん基地の中にコンクリートが建っていったんです。「綺麗だなー、かっこいいなー」と思っていた。

中村　かっこいいよねぇ、今見ても。

伊礼　当時は、すごく質のよいコンクリートを打っているから、長持ちしているんですよね。ぼくは嘉手納基地の脇の居留区のようなところに住んでいて、そこは沖縄の民家の縮小版みたいでした。茅葺きの家、赤瓦の家、コンクリートの家がある混沌としたなかで、毎日ブロック塀の上や屋根の上を走り回って遊んで、基地のそばに行ってB52を見たり。手先が器用な友人がたくさんいて、薬莢や火薬がよく落ちていたから、拳銃とかつくっていましたね。花火でも牛乳瓶ぐらい破壊できるのがつくれるんですよ。そんな遊びをやっていた。本土の同級生とはちょっと違うんです。

中村　全〜然違う。物騒な子供たち（笑）

◎好きなスポーツ

三人とも体育会系だったんだ

伊礼　中村さん、確か運動部でしたよね？

中村　はい。高校は陸上部で、棒高跳びをしていました。県大会では3種目までエントリーできるから、棒高跳びと、三段跳びと、400mリレーに出ていました。

伊礼　ええ!?　イメージないですね。びっくり。ぼくも高校生のころは陸上部で短距離と走り幅跳びをやっていました。

中村　高校のときは勉強そっちのけで棒高跳びに熱中していました。ろくに授業も出ないくらい。それで、担任の先生は当然、ぼくは体育大学に行くだろうと思っていた。

竹原　背が高かったの？

中村　いや、ごらんのとおり、チビです（笑）。身長のハンディは棒高跳びでは決定的なんだよ。背の高い選手とはポールを握る高さが違うので、それだけでも不利になるし、体重が軽いとバネの強いグラスファイバー・ポールが使えないというハンディもある。それで体育大学には行かずに美術大学に行くことにしたんだけど、理由は体格だけじゃなくて、大学に行って、また、4年間も男臭い部室に出入りして、一年中、ジャージを着て暮らすのはごめんだな、と思ったこともある（笑）。

体育大学に行かないと決めてから、ようやく何かしないといけないと考えはじめて、美術学校にいくことに決めました。子供のころから絵を描いたり工作するのが好きだったから、そっち方面に進もうと。

伊礼　体育と美術って、どこか近いんだと思う。ぼくも体育と美術だけずっと5だったんですよ。数学はダメだったけど（笑）。

竹原　体育と美術が得意というのは、たぶん小さい頃に自然の中でよく遊んでいたからじゃない？　ぼくも野球とサッカーをやっていた。二人と違って個人競技は苦手で団体競技が好きでした。

◎ 住宅設計を選んだ理由

建築家双六《すごろく》をどう進むか

中村　昔から建築家には、両親や親戚などの身内の家や自邸などからスタートして、つまり、身内から犠牲者を出したうえで、その犠牲を踏み台にして（笑）、次第に規模の大きい建築や公共建築を手がけるようになり、最終的には国家的なプロジェクトに取り組んで頂点に上りつめるというコースがありますよね。ぼくはこれを「建築家双六」と呼んでいます。ところがぼくは、その双六の最初の「住宅」のところで何十年も、ウロウロしているわけです。3歩進んで2歩下がる。2歩進んで3歩下がる、あるいは「振り出しに戻る」ってわけで、ずっと住宅ばかり（笑）。

自分にとっては住宅が主戦場だと考えているので「それで良し」としている。ぼくの場合、「住宅建築家」という言葉の裏には、双六の上を目指さない建築家という意味も含まれているんだよね。

伊礼　双六に乗る人たちは、住宅を実験台のように考えているところがあります。建築界に住宅建築家の世界をつくったのは宮脇檀さんですよね。その後を継いでいるのは中村さんと竹原さんだと思います。

竹原　ぼくらの上の世代には、安藤忠雄さんとか伊藤豊雄さん、石山修武さんがいます。ぼくら世代は彼らと少し距離を置くことで、ぼくらなりの世界をつくることができました。まだ30歳代のころ、40歳以下の建築家を全国から１００名近く集めたデザイン会議がありました。そこで社会における建築とは何か、地方の役割とは何かなどと議論し、自分たちの立ち位置を確認できたことはとても刺激になりました。そこに集まった若き建築家の卵は、住宅の仕事しかなかったのです。

中村　双六は建築家の王道かもしれないけれど、一種の出世レースのようでもある。ぼくがあるときから意識的に建築雑誌と距離を置いたのは、その熾烈なレースから外れたところで心穏やかに仕事していきたいと思ったから。脇道でいいと思ってる。

竹原　脇道の王道じゃないの？（一同笑）

小さな住宅と大きな建築

伊礼　ぼくは宮脇檀さんにすごく憧れたんですよ。沖縄では簡単にあれを見に行こうなんてできなかったから、建築界の裏話や突っ込んだ情報を得るためには宮脇さんが頼りでした。どんな雑誌でも宮脇さんが書いた物は図書館で読んで、1枚100円だったんですけど、全部コピーしてファイルにしていました。宮脇さんを通してより建築のことが理解できたし、それで自分も住宅をやりたいと思うようになりました。それで大学の教授に住宅をやっていきたいと言ったら、怒られましたよ。「志が小さい」って。

竹原　小さい？　住宅が？

伊礼　「えぇっ!!どういうこと??」って感じでした。亡くなられた建築家の永田昌民さんが、先輩方から「住宅というのは女子供がやるもんだ」って言われて、それにどこか引っかかりを持ちながら住宅をずっとやっていたというのを聞きました。昔は本建築という言葉がありましたよね。コンクリートの公共建築みたいなのが本建築で、住宅や木造は本建築ではないと。だから「住宅作家と言われるのは、ちょっとなぁ」と思っていた頃があります。今は平気ですけどね。それでも、学生の時からやりたいのは一貫して住宅でした。住宅スケールのことしか理解できなかったというのもありますが（笑）。

中村　ぼくは1981年に独立したんだけど、しばらくやっているうちにバブルの時代がきた。建築がどんどん装飾過剰かつ豪華絢爛の妙な具合なってきて、そういう建築の傾向に嫌気がさしていました。表現の奇抜さだけが求められて突っ走ることで、経済観念がなくなり、品格がなくなり、謙虚な人間らしさもなくなっていくのを目のあたりにしていた。そんな時、たまたま読んだ吉田鉄郎の本のなかで、「ひとをびっくりさせるような建築もおもしろいかもしれない。しかしそんなものは、ほんとうの天才でなければできるわけのものでもないし、またそんなものは、そうたくさんある必要もあるまい。柄でもないのにうっかりそんなまねをして失敗すると、多くの人々に迷惑をかけずばすむまい。見て嫌でない建築をつくることも大切なことだ」という言葉に出会って「これだ！」と思った。その言葉は建築家の「良心」だと思ったし、身に沁みました。本当に救いだと思った。

もともと独創的なものとか新奇なものをやろうとか、話題性のあるものをやろうという野心はないほうだけど、設計を依頼してくれた人たちの暮らしを豊かにする、役に立つ住宅をつくろうという気持ちがいっそう強くなったのは、この言葉に出会えたからだと思う。

竹原 ぼくにとって住宅は、身近で一番大切な建築行為ですね。本を読んだり、勉強しているあいまにプランをつくるのが楽しくて、ちょこちょこスケッチを描くんです。石井修先生のもとで修行していたときも、ほとんどが住宅の仕事でした。そんなに大きい建築はなくて、9階建てが最高だったかな。営業をする人もいないし、仕事の依頼がくるまで待っている状況では、そんなに大きな仕事が来るはずもないしね。

伊礼 丸谷博男さんのところに勤めていたとき、8階建ての学生向けマンションを2棟やったんですけど、あの時にうんざりしたのは近隣対策。近所の人に呼び出されて、説明して、わけのわからない文句を言われて……。ものづくりというよりも、折衝が仕事になる。あれでマンションはもうやらないって思いました。

竹原 そういえば、エレベーター設置の設計ができる、エレベーターを付ける建築をつくれたら一人前というのがあったよね。

伊礼 聞いたことあります。つまり5階建て以上ということですよね。大きなものは、コンクリートって風潮もありました。

竹原 今考えてみると、ぼくらが若い時の建築ってそんなに建築基準が厳しくなかったと思う。今のように幾何学で3Dを使って解析しなくても、建築がつくれた。だから、みんな大型建築をつくれたんだなあと思う。今は難し過ぎて、小さい建築から大きい建築に移行することは難しい。

中村 ぼくは身の丈に合ったことをすればいいと思っていた。背伸びもしないし萎縮もしない。ある程度、背伸びをしないと大きい仕事がとれないけど、僕は背伸びをしないので「それなり」です。住宅の仕事は自分の身の丈にも気持ちにもピッタリ合っていると思っています。

竹原さんの第一印象は？

中村 ——

キラキラ輝く眼
イヤミにならない押しの強さ

伊礼 ——

和製 スカルパ!!

◎建築家の資質

歌心、絵心、建築心

竹原　建築に携わるには、スゴイ経験をしたり、スゴイ建築を見ることが必要ではないかと思われがちだけど、そうとは必ずしも言えない。同じものを見ていたとしても、そこに何を感じるのか、感じないのか、ということが重要だと僕は思っています。

伊礼　そうそう。「この建築を見ないとダメか？」ということをよく尋ねられますけど、「ダメ」ということではないのだと思います。ぼくは小さい家に育ったけれど、そのこと自体は設計にマイナスにはならないと思います。建築家という職業は「要は、何を面白いと感じるか」ではないでしょうか。

中村　音楽家になるには、子どものころから一種の英才教育が必要だと思うけれど、建築家にはそれはあまりないような気がする。子どものころから建築家としての英才教育を受けたのは、ぼくの知る限りではフランク・ロイド・ライトぐらい。

伊礼　高校生から設計の勉強をして伸びるかというと、そうではない。以前、手先が器用な人が伸びると中村さんが言っていたけどぼくもそう思いますね。

中村　え？　そんなこと言ったかな？　まぁ、まるっきり不器用な人は向かないだろうけど…。

伊礼　手先が器用な人は、考えることと手を動かすことが連動しているから、検証と改善が同時にでき、つくる喜びを感じることができるからなんでしょうね。

竹原　建築家は総合的な力が必要な仕事だと思います。難しい仕事と言えば難しい仕事だけれど、アイツができているんだから、オレだってできるぞ！なんて思ったりしている（笑）。

伊礼　考えなければいけないことと、諦めなければならないことも多い。複雑に絡みあっている難しい「全体」をまとめなければならないので、一人だけでやれる仕事ではないし、自分でつくらないというのも大きな特徴だと思います。

中村　そうだね。そういう意味では建築家は映画監督と似ているかも知れない。でも自分でつくらなくても、設計の仕事はやはり「向き・不向き」があると思う。ほら、「絵心」とか「歌心」という言葉があるよね？　設計にも「建築心」というものが不可欠だと思う。それがないとダメみたい。ルイス・カーンなんかは、書いていることや、話していることは哲学的でなんだかよく分からないけど、はじめて作品を見たときに、はっきりと「建築心」を感じて感動しましたね。

竹原　うん、うん。建築心ね。でも、それを具体的に「何か？」とは言葉では言えないものなんだな。しかし、経験を積むなかで建築の本質に迫ることを心がけることが、建築に近づく道かな。

伊礼　多くの人がぱっと見て美しいと感じる、黄金比のような感覚が分かる人じゃないかな。

中村　音楽についていえば、ちゃんとした音楽教育を受けていれば、楽譜通りに楽器が演奏できたり、歌を唄ったりできるようにはなるよね？。ただ、だからといってそれが人の心を惹きつけ、感動させられるか？　というと、それはまた別の話。それができるためには深いところで「歌心」というものがないといけないと思う。建築も同じだと思う。「建築心」がなければダメ。有名な建築家でも「この人は建築心がないなぁ」と思う人、いますよね？　楽譜通りに歌っているけど、肝心の「歌心」が感じられない建築家。誰って？　たとえば……ほら、あ、やめておいたほうがいいかな（笑）

伊礼さんの第一印象は？

中村 ――――

屈託のない自意識

竹原 ――――

振幅は大きいが着地点がしっかりしている人

◎旅のすすめ

旅が建築家を育てる

中村　建築家にとって旅は特別な意味を持っていますよね。ル・コルビュジエやルイス・カーンは旅から大きく影響を受けた人だし、旅の中で建築的な思考を深めた人。日本では吉村順三さんも中学生ぐらいの時から旅する人だったし、安藤忠雄さんも若いころに建築行脚をした人ですよね。「建築家は旅に学ぶ」と言ってもいいし「旅が建築家を育てる」と言ってもいいと思う。というわけで、ぼくも学生時代からよく旅をしました。そのころは、もちろん気軽に海外に出掛けられる時代ではなかったので、もっぱら国内を、鉄道とバスを使って旅しました。最初のうちはその当時話題になっていた現代建築や近代建築の名作を見学する旅だったけど、そのうち、列車の車窓から見える民家や集落が気になりだして、だんだんそちらのほうを熱心に見学して歩くようになった。今和次郎さんの本に影響されたこともあるけれど、民俗学の宮本常一先生と知り合えたことで視点が変わり、旅好きにも拍車がかかったんです。

竹原　70年代はヨーロッパへ行くのが大変でした。飛行機代も時間もかかる。だから盛大な送別会をして、家族友人と水杯《みずさかずき》をして別れるほど大変なことだった。だけど、行く価値は大いにありました。見るものすべてが新鮮だった。首からカメラ（ニコンF2）をぶら下げ、レンズはシフトができる広角レンズ28㎜を装置し、フィルムはコダックのリバーサル（笑）。

中村　ぼくがお金と時間を捻出してはヨーロッパに出掛けるようになったのは20代の半ばぐらいからだった。バックパッカーの貧乏旅行だから、安ホテルを泊まり歩いていたんだけど、あるとき「建築家の旅は、これではいけない！」と気づいたんだよ。たとえばカーテンもないような安ホテルから、ほんの少しホテルのランクを上げると、カーテンがついた部屋になる。もっと上げるとカーテンにタッセルがついてK型にたぐってある。さらにランクを上げると、カーテンが布張り

次に行ってみたい国は？

中村 ―― キューバ

竹原 ―― マチュピチュ　ペルー

伊礼 ―― アジア好き。アジアの田舎がいい

壁と色や柄が合わせてあったりしたうえに、そのカーテンがR型にたぐってある……といった具合にカーテンひとつとっても、そこに、住環境の考え方と文化の厚みを垣間見ることができるわけ。もちろん、毎晩そんなちゃんとしたホテルには泊まれないので、3日は安ホテルで我慢し、4日目はグレード上げてしかるべきホテルに泊まるという風にしていました。安上がりに旅することよりも、旅で学び、吸収できることは貪欲に吸収しよう、そのために必要なお金はケチらないようにしよう、と旅のしかたを意識的に変えたんです。そう考えるようになってから、ちゃんとしたホテルでも恥ずかしくない程度の服を1着持って旅するようになりました。そんなわけで、最初はヨーロッパのほうばかりに目が向いていましたが、アメリカのチャールズ・ムーアのシーランチやチャールズ・イームズの自邸などにも大きな影響を受けていますから、アメリカにも出掛けるようになった。ルイス・カーンの作品を実際に見学したのは40歳代になってからですね。

名作住宅から学んだこと

竹原　カーンといえば、ぼくはフィッシャー邸よりも、エシュリック邸のほうが好きです。プロポーションが美しくて、実際に見たときには、感動そのものでした。道路からの見え方にリズム感があり、表と裏で異なる表情を持っているのがいいんです。

中村　ああ、あれは、いいですね。ぼくは2度ほど見学に行ったけど、サーヴァント・スペース（かしずく空間）とサーヴド・スペース（かしずかれる空間）が明快に別れているところがいい。

　アメリカの住宅と言えば、ぼくが好きなのは、ケース・スタディ・ハウスの1番と11番。この2軒は、ジュリアス・ラルフ・ディヴィットソンという建築家が設計した小住宅の傑作。たしか、11番が先にできて、1番があとからできた。ぼくはそのふたつの住宅のプランがすごく好き。ほれぼれするくらい。11番の平面図なんかiPhoneの待ち受け画面にしたいぐらい（笑）

竹原　チャールズ・ムーアの住宅も好きです。なかでも建築空間に不思議な連続感があって、外部なのか内部なのか、あいまいな平面と断面を持ったムーアの自邸には、影響を受けました。平面の自由さや、外と内の関係を考え出す楽しさを知り、小さな建築には夢があることを教えられましたね。僕らの時代は、こういう名作住宅から影響を受けたんですよね。

中村さんの『意中の建築』（中村好文著・新潮社刊）って、タイトルがいいです。実物を訪ね歩き、スケッチを重ねた本を読むと、「ああ、こういう見方をしているのか」って思う。見ている物は同じなんだけどね。読み終えた後は、旅をしたくなる。

中村　ぼくはいわゆる通説や評論に引っ張られないタイプでね。やっぱりどんな優れた評論や、定説よりも、自分が見たこと、そこで感じたこと、そこで考えたことをぼくは一番信じているし、その印象を大切にしています。たとえば、サヴォア邸（ル・コルビュジエ）を見に行くとね、窓台に親指の幅ぐらいの溝がついていて、そこに鉛筆の太さぐらいの水抜きがつけてあるのを見つける。窓台に乗ったゴミや埃が雨で流れて白い壁を汚さないようにしてあるんです。サヴォア邸は「建築の五原則」というスローガンばかりが大声で語られるけど、コルビュジエは豆腐に窓を付けたような建物をつくっただけでなく、その建物が汚れないように考えていたことをちゃんと評価したい。でも、その窓台のことは誰も書いていなかったし、見学した人からもそんな話は聞いたこともなかった。見に行ってみて、それであの白い建物を白くキープしようと彼は考えたんだなと分かって、コルビュジエの評価が自分の中で変わったんです。

伊礼　ロッシュ邸もそうですよね。

中村　そう、ラ・ロッシュ、ジャンヌレ邸も上から玄関庇の上に同じようなことがしてありますね。それから、サヴォア邸は屋上庭園の窓回りで一カ所どうしても納まらなくて、ペンキでごまかしているところがある。どうしても納まらない箇所をグレーに塗って、遠くからわからないようにしてある。そういうのを見つけると嬉しいですよ。「ああ、こうなっちゃったんで、こうごまかしたんだな」ってね（笑）。コルビュジエが巨匠ではなく、急に身近な人に思えてくる。

アノニマス建築の魅力

中村　20代の半ばから外国を旅行するようになっても「やっぱり街や村が面白いなあ、人の暮らしは面白いなあって」そうなっちゃうんだよね。どうしてもアノニマスの建築のほうに目が行ってしまう。

伊礼　海外でも旧市街は楽しいですね。その地の文化や暮らしがぎゅっと詰まって、旨味を増して存在しているように思います。

竹原　『建築家なしの建築』（バーナード・ルドフスキー

好きな本は？

中村 ―― 井伏鱒二／丸谷才一／須賀敦子／吉田秀和／洲之内徹
中谷宇吉郎／芥川比呂志／アラン・シリトー／フレデリック・フォーサイス……などなど

竹原 ―― 立原正秋著「帰路」「日本の庭」

伊礼 ―― エッセイ集、短編もの…あまり気が長い方ではないので。

著・鹿島出版会）というベストセラーがありましたね。建築家によって意図的につくられたものではなく、町や集落ができていくなかで、自然とかたちづくられる建築の存在に強く惹かれ、民家に興味をもつようになりました。

旅のヒントを探るため、古本屋にもよく足を運びましたよ。なかでも伊藤ていじさんの著書で、写真が二川幸夫さん、装丁が田中一光さんの組み合わせの数寄屋や日本建築の本は、素晴らしかった。3人のもてる力が凝縮され、三人三様の流儀が生きていました（笑）。その本に載っている建築や民家の写真を見ては、どこから撮っているのかと考えて、実際に自分の足で行って、違うアングルを探して撮ったりしました。

伊礼　絵もそうですよね。やっぱり構図を考えながら描く。スケッチを描いて実測してみると初めて気が付くことも多い。海外の有名建築では難しいですが、国内の地方の民家などには思いがけない発見があります。沖縄の伊是名島に銘苅家《めかるけ》という素朴で美しい民家があるのですが、断面をスケッチして寸法を採ると、地面から軒先が２１００㎜でした。この高さまで抑えると美しくなるんだということが分かって、すぐ仕事に生かしました。

竹原　ぼくは、同じところに何度も何度も行く癖があって、普通なら1回見ればよいというところも、前はこの道を歩いたから、今度は違う道を歩いてみるということをするんです。自分の気持ちによって見え方が全然違うし、最初はただ美しいと思ったのが、次に行ったときには、こんなに時間が経っているのにどうしてずっと美しいのだろうと考えるようになる。徐々に見方が変わっていき、少しずつ理解が深まっていく。なぜそんなことをするのかって、小さい時に同じところに何度も連れて行かれたからかな。また同じところに行くのは嫌やだなって思いながら、そのうち裏に行ったり脇に入ったり、違う見方をして違った時間の過ごし方をするようになったんですよね。

中村　ああ、ぼくも好きなところには何度も行くなあ。映画もセリフを憶えて口真似ができるぐらい観る。それから本も、繰り返し同じ本を読む。たくさん読むというより何度も読む。絵も好きな絵を何度でも見に行きますね。フィリップ・ジョンソンのニュー・ケイナンの自邸には、これまでに4回出行きましたし、シーランチのムーアの別荘にも何度も泊まりに行った。我ながら、しつこい性格なんですよねぇ（笑）

◎好きな寸法

スケール感覚とモジュール感覚

中村　建築家には、それぞれに好きな材料、好きな納まりがあるように、好きな寸法もあると思う。実測でトレーニングしていると、スケール感覚が身についてきます。ぼくは海外旅行をすると今でもホテルの部屋を実測しています。まずは部屋に入ったら目測して、それから測り始める。広さはまだ目測しやすい。ベッドの長さはだいたい2mで、部屋にスケールが置いてあるようなものだから。天井高のほうが難しい。4mくらいかなと思って測ってみると、実際は4m50㎝だったなんてこともザラにある。窓と壁のバランスだとか、光の入り方だとかを観察しつつ実測するんです。水回りは身体寸法にかかわってくるから特に面白いですね。

伊礼　ぼくも見に行っていいなと思ったら、スケッチは必ず描きます。測ってから描くのではなく、描いておいて、知りたいところだけ測る。スケッチを先に起こすとプロポーションが違ってしまうこともあるけれど、そこから実測して「あっ！　この数字だからこうなんだ」って分かることがあります。

これは学生の頃、吉村順三先生に「いいなと思ったら、なんでいいのか考えないとダメだよ」と言われて、実践していることです。漫然といいなと思っているだけでは成長しないので。

竹原　ぼくも、昔、石井先生に建築を見に連れて行かれて、どうやって実測をやるんですかねって聞いたら、「考えながら見ないと物事は見えない」と言われましたね。漠然と見ているのとは全然違う。カメラというのは焦点を合わせてみるから、もっと狭い。実測というのはカメラよりも広いんですよね。それは、全体像をいかにつかめるかということ。歩いた時に全体像が一瞬にして分からないといけない。それで、全体像を見ながら部分を見る。石井先生から、「あなたはここ、君はここを実測して」と言われて、ぼくらが実測し、それを後でつなぎ合わせる。そんな練習を結構やって

自分にとって居心地のよい場所は？

中村 ―― 海の見えるところ／火の焚けるところ／風に吹かれるところ
美味しいもののあるところ／お酒のあるところ／親しい友人のいるところ

竹原 ―― 101番目の家

伊礼 ―― 開口部近傍に心地良さは宿る。

いました。

ぼくはT定規で図面を描いて、スケッチはフリーハンドで1／50の図面を描くという練習をしました。だから1／50のスケールを手の感覚で知っているので、測ったときと同じように1／100はこれくらいの大きさ、1／50はこれくらいの大きさって分かる。何十年もずっとやってきているので、頭の中に寸法が入っているんです。ただ、今はCADになって、スケール感覚が衰えているかもしれない。学生を教えても、全然スケール感がないのが残念です。おそらく手で図面を描いていないので、スケール感覚が身に付いていないのと、畳の部屋で育っていないのでモジュール感覚がないのでしょう。

伊礼　自分なりのモジュールってありますか？　基本はみんな尺寸だと思うのですが。

竹原　竹寸（竹原寸法）、あるよ（笑）

伊礼　910でなくて909？

竹原　ぼくは、関西間の寸法を使います。3尺1寸5分（955）を960にして「くんろく」、1920「いちくに」、2880「にっぱっぱー」、3840「さんぱし」ってね。3で割れるから尺の寸法で計算ができるのです。

伊礼　芯の寸法ですね。いわゆる関西間と関東間の違いですね。910は関東間だけど、909のほうが数字を繰り返すから美しい。中村さんも、909とか1818、2727でやっていますよね。

中村　モジュールはないけど、ぼくは3で割れる数字が好き。気持ちがいいですよね。数字が並んだときに字面も美しいような気がする（笑）。日本の建築資材は尺寸でできているので、3で割れる数字だと無駄が出にくいという利点もある。

竹原　奇数の美学もある。サシガネのウラ尺のルート2の美しさもあります。直角二等辺三角形の編の長さの比が、1：1：$\sqrt{2}$です。底角の45度というのは、隅掛けといって日本建築にとっては重要な役割を持っています。だからぼくは、1：$\sqrt{2}$のプロポーションを好んで使います。描いた時、見た時に「あ、これいい寸法だな」って思う。

伊礼　雑誌などで建築図面を見ると、この寸法は何から来たのだろうかと考えてしまいます。そこにデザインのヒントが隠れているので、「あ、ここから決めたのか」と理由が分かると、楽しいし、勉強になりますよね。

◎設計の標準化について

標準化は建築家の作風を表す

竹原　ぼくは伊礼さんの「標準化」について興味があります。「標準化」することで一定のレベルが確保できるんですよね。それってすごいよね。

伊礼　担当者によって、仕上がりにずいぶんと差ができるのがイヤでした。これをなんとかできないか、と最初は思っていたのです。

中村　ぼくは標準化にはあまり興味がない。ぼくの場合に限っていうと、標準化していくことでなにか大切なことが抜け落ちてしまうような気がするからです。でも、好きな納まりはあるので、それを標準化と呼ぶなら標準化しているのかも知れない。

伊礼　ぼくから見れば、写真1枚で、すぐ中村さんの仕事だっていうことがわかります。竹原さんの仕事もそうです。

中村　あ、それは標準化ではなく、ワンパターンと呼びます（笑）

伊礼　いやいや、そうではなくて（笑）。中村さんの定番の設計があるからだと思うのです。まったく異なる住宅なのに、設計したのは中村さんの仕事だと分かることはいいことですよ。

竹原　ぼくは標準化していいと思っています。「理想の標準化とは何か」ということはまだ追求されていない。だからこそ考えたい。ぼくの標準化は、伊礼さんの標準化とは違うと思います。

伊礼　それはそうだと思います。ぼくはいかに失敗を少なくしてクオリティを保てるか、ということも大事だと思っているんです。そのうえで新しいことにチャレンジする。

竹原　三人がそれぞれ「標準化」するとどうなるのだろうね。予算・平面・立面がまったく同じという条件で。使っている材料が違う、ディテールが違うとなると、絶対違うものが生まれる。これこそ三人三様。

伊礼　あ、それ面白いですね。工務店で実現してくれるところないかなあ（笑）。標準化というのは誤解されやすいのですが、料理でいうと下ごしらえなのです。普通のお米でも、研いでから1時間水に浸けて炊くのと、すぐに炊くのとでは、明らかに旨さが違います。だから誰がつくっても一定の質のものができるということを求めているのです。それは流儀だと思います。竹原さんの流儀は何か、中村さんの流儀は何か、ということなのです。

中村 ぼくにはこれといった流儀はないと思うけど…。

竹原 いちばん流儀がありそうなのにね。

伊礼 中村さんにはゆるぎない価値があります。それが何かということです。

中村 それは、何ですかねぇ？　もしかしたら「思考のパターン」や「好み」かな。それは絶対に変わらないものだから。

竹原 「利休好み」という言い方がありますが、「竹原好み」ということを事務所ではよくいいます。ワンパターンと言われたとしても「好み」なんですよ。クライアントも建築家の好みを知っているからこそ依頼するのだと思うんです。そして価値観の明確化とは、建築家の「作風の確立」ですよね？

中村 建築には設計した人の「におい」というものがどうしても出てきますからね。

伊礼 ですね。作風というのはそういうものだと思うんです。

中村 ぼくが好きな建築家っていうのは、作品にその人の体温や体臭や肉声が感じられる。それがさっき触れた「建築心」にも通じるものです。建築家の作風というのは、その人の体質から出てくるもので、その人の血や肉が、その人独特のスタイルとなるのだと思います。ですから論理的ではなく感覚的であり、即物的。だから観念的な建築はぼくにはどうしても理解できないところがある。

伊礼 ぼくは建築家としての作品を強く押し出すというものではなく、「スタンダード」ということもやりたいと考えているんです。その先に強い作風が表出すればよいと考えます。

竹原 標準化とは、建築の作法ということですよね。そう理解すれば、それぞれの個性が生きたものだと理解できます。

伊礼 ぼくはお二人のよき理解者だと思っていますよ（笑）。ご自分では気がついていないですが、お二人とも隠れた標準化をしています。作風はその人のルールであり価値観であって、それをぼくは明解にして、標準化と言っているのです。

◎歳をとること

人も家も歳をとる

中村　人は5年ごとに変わるといいますね。状況も変わるし、身体も変わる。小学生だった子は高校生になる。幼年期、小学校、思春期と大きく異なるわけだから、住まいは子どもの成長に大きく影響されるよね。

伊礼　子どもの成長の変化は大きいですよ。

竹原　10年経つと、人を取り巻くものの大半が変わります。夫婦の寝室の在り方も変わるし、庭の樹木も成長する。だから10年後どうなるか、20年後どうなるかということは、常に考えながら設計しています。人の変化に合わせて、住み方を変えられるような家にしておくことは、設計者として当たり前のことだと思います。現代ではメンテナンスフリーの家が求められているようですが、家も同じように上手く歳を重ねていますか？」ということを言いたい。家族と、とりまく環境も一緒に変わっていける家って魅力的ですよ。

中村　寿命の長い家というのは物理的なことだけではなく、上手に歳を取れる家ですからね。20年、30年の単位で気持良く住んでもらいたいと思えば、設計するときに20年後、30年後のことも考えるし、天候でいえば、お天気の日ばかりでなく、雨の日のことも、風の日のことも考える。住宅の設計には、それを全部わかったうえ取り組むべきだと思う。人がビックリする家ではなく、1年365日、そしてそれが何年にもわたっていい家となると、自然に「尖った家」ではなく「穏やかな家」ということになるような気がする。

竹原　最近、10年後にその家族がどうなっているのか、自分がどうしているかを考えてしまう。若いときはそんなことを全然考えなかったけど。自分がいなくなったら、この家とこの家族はどうなるのかなって。

中村　それは考えますね。そのことをはっきり思い知らされるのは、LEDの寿命。「このLEDなら20年保つ」と言われると、「ああ、次に取り替える時に自分はいないかもしれないなぁ」って思う。

竹原　ああ、いないいなぁ（笑）。だから、継続可能な工務店を探すようにしますよね。

建築家が歳をとると…?

伊礼　ちなみに歳を経ると、設計するときの思い切りの良さって変わりますか?　若い頃は無茶したなとか(笑)。自分の若い頃と今を比べてみるとどうでしょう。ぼくはもともと地味な設計なので、表現に変化はあまりないと思いますが、それでも経験を重ねるなかで、ものの感じ方や見方が変わってきたと感じます。

竹原　ぼくは若いころは、白やグレーのモダンな建築がいいと思っていたけれど、最近は色のあるものもいいなと思うようになりました。家が美しく見えるのに色という要素があると気が付いた。最近は和室がなくなって床の間に花を活けない。洋室でも花を飾るということをしない人が増えてきましたね。だから、色を楽しむこともない。そこで、その人が感じていない色という美しさを住まいに仕掛けてみる。色も徐々に経年変化します。そこには変化した美しさがあります。ただの「きれい」と「美しい」は違う。時間軸のなかで美しさを見せるもののひとつに、色があるのではないかと、最近特にそんなことを思っているんです。

中村　それは竹原さんが永年やって来て辿り着いた一種の境地でしょうね。ぼくは、そういう境地にはほど遠いらしく、建物の中に色を使うことはないですね。だいたい床はフローリングの木地の色、壁は珪藻土か漆喰の白、天井は塗装の白というのが標準的。台所のカウンターより下の部分を墨染めにすることがあるけど、色と言えばそれくらいかな。

伊礼　年齢とともに色気が出てくる人はいますよね。村野藤吾さんとか。一方で、若い頃はディテールに手間をかけていたけれど、そのうち無駄を省いていくということもありますね。たとえば永田昌民さんは、汎用性《スタンダード》に向かっていった。関東の建築家は枯れてよくなる。ただ遊び心だけは永遠に枯れない、と。

竹原　ルイス・カーンは作品を発表し始めたのが、50歳すぎてからです。設計という仕事は準備が必要なんですよ。

中村　フィリップ・ジョンソンが「ガラスの家」で建築家としてデビューしたのは43歳の時。これも遅いスタートだよね。

伊礼　吉村順三さんが名作といわれる山荘をつくったのは54歳のときで、けっこう遅いですよね。

竹原　それまでの蓄積が大切だということですね。

◎ファーストコンタクト

最初に必ず聞くこと

中村　クライアントは、建築家に最初に連絡するときはすごく緊張するらしいね。うちの場合は手紙をくれる人、電話の人、もちろんメールの人もいます。先日は、突然訪ねて来て「私の住宅を設計して下さい」という当たって砕けろの直情型の人がいましたね。連絡手段はなんにしても設計を依頼する人の「決意のほど」が伺えるのは確かです。でも、いったん会ってしまうと「なんだ、中村好文って、こんなオジサンだったのか」って、憑き物が落ちたような顔をされることもある（笑）。

伊礼　中村さんや竹原さんは実績があるし、頼んだらどんなのができるかって想像できますよね。これが大事だと思うんですよ。若いときに何に苦労するかって、クライアントは自分が思った通りにやってくれると思っているし、実績のまだない建築家はやりたいことをどうやって実現するかを考えている。そこにトラブルの種がある。

ぼく2004年からブログをやっているんですよ。どんなに雑誌で取り上げてもらっても、こちらの価値観って伝わりきらない。それで自分でやるしかないと思って、ブログをはじめたんです。今ではブログを見ている人たちが頼んでくれるので、連絡が来たときには半分打ち合わせが終わっているようなものなんですね。標準化とか言っているのも、価値観を明確にするためでもある。明快な作風を固めれば、トラブルはかなり減りますからね。自分はこういうふうなのしかできませんって伝えていますから（笑）、作風とかけ離れたものを求める人は頼みに来ません。

中村　ぼくは作品集だけでなく色々なタイプの本を出しているので、設計を頼んでくれる人はその本のどれかを、あるいは、時にはほとんどを読んでくれている人が多いですね。ただ、本の読者であろうとなかろうと、お互いに信頼関係で結ばれ、人としての相性がよれば、家づくりは必ずうまくいくみたい。

特技は？

中村 ——「寝付き」と「寝起き」の早さ（おやすみ3秒、おめざめ2秒）

竹原 —— 寝つきと寝起きが良い

伊礼 —— まだ特技と呼べるようなものはありません。

竹原　ぼくも最近、ホームページをつくらないといけないかなと思っているんですよ。みんなに建築コストが高そうだと言われるので、そんなことないですよ、安いって書いておかないと仕事がこないかな（笑）。

伊礼　ぼくは設計料も明示して、いくらかかると書いてしまっています。そのほうが楽だと思うんですよね。問い合わせがくると、「予算がこれぐらいないとちょっと難しいです。大丈夫ですか」って真っ先に聞くようにしています（笑）。仕事を頼まれて嬉しくてすぐに会ったことがあるのですが、会ったら「30坪で総工事費1000万円」って言われて、「誰もできないと思います」って言って帰ってもらうようなことがありました。だから、お金の話は最初にします。

中村　それと工期もちゃんと話しておかないとね。ぼくの場合、工期はだいたい遅れ遅れになるから、そのこともやんわり伝えないと（笑）。

竹原　あとは…「どうして家を建てたいんですか？」と聞く。

中村　建てたいって言っているのに、聞く？（笑）。

竹原　「なぜ、家を建てるのか」と聞くと、ご両親の面倒を見るとか、相続などのお金の話とか、かなり立ち入った話になることが少なくないんですよ。建築家は、クライアントにとって第三者ですから、意外と本当のことが話せるんですね。クライアントの悩みは設計と大いにかかわることですから放っておけないし、家の主治医ならぬ、人生の主治医のようなところがある。設計の打ち合わせが人生相談になってしまって、なんでこんな大役を務めなければならないのかって思うこともありますよ（笑）。

そもそも家を建てるということが、家族全員の意思ではなく、夫だけ、妻だけが考えているというケースも少なくないんです。だから最初の打ち合わせは、ご夫婦で来てください、できれば子供さんも一緒にと言っています。クライアントが地方からくるような場合は、事務所ではなく、京都のお寺など、違う場所で会うようにしています。新婚旅行以来、いっしょに旅行なんてしたことないという夫婦がけっこういるから、旅行気分で出かけてきてほしいと思うんですよね。そこで二人は初めて道中で家づくりについて一生懸命話し合う。そういった工程が、夫婦にとって新しい何かの気づきになることがあります。

家族が会話を交わすことで家を建てることにみんなが前向きになれればもっといい。そういう家族の修復も家づくりなんですよね。

◎ 打ち合わせ

打ち合わせで設計のヒントを探る

中村　毎度ではないけど、ぼくは設計の打合せを食事をしながらやお酒を飲みながらすることがありますね。そこで、設計以外のいろんな話をします。本の話、映画の話、旅の話、趣味の話、家族の話……その四方山話の中に、設計するためのヒントがたくさん散らばっていることがあるんです。

伊礼　奥村昭雄さんは、「依頼されたらまず1年待ってもらう。待ってくれるのはいい施主で、それまでお酒を飲んで親しくなる」と言っていましたが、延々と待っていただくことは僕にはできない。結構せっかちなんです（笑）。打ち合わせを20回する人もいるようですが、僕は4～5回くらいしかやらないです。それで十分済むし、未だにとてもいい関係で付き合っているクライアントに限って大体3回ぐらい、トータル3～4時間しか打ち合わせをやっていなかったりします。

中村　クライアントにもよりますね。打合せの回数と出来上がった住宅の質は必ずしも正比例しないですね。同様に設計にかけた時間と、出来映えも必ずしも正比例しない。打合せでは、ぼくは知らず知らずのうちにクライアントを観察しているみたい。たとえば服装の趣味とか、立ち居振る舞いとか、食事の好みとか……そんなこと。あるとき、とてもお洒落なクライアントで、打合せのたびに違った靴を履いて来る方がいた。この人にはちゃんとした靴の収納がいるなぁと考えて、大きな靴収納を作ってあげたら「新築するにあたって、これまでの生活習慣を改めようと思って、靴は6足にしました」っていわれた失敗例もあったけど（笑）。

竹原　植栽や緑の話題から見えてくることも多いです。たとえば落葉樹を植えると落ち葉の問題がある。その反応で、近所とどんな関係性をもてるのかなぁというのが分かる。もちろん多くの人が、近所に迷惑をかけたくないから抵抗を示す。でも、それを乗り越えるために、植える場所や種類などの話し合いができるかどうか、というのも重要です。いろいろなものが見えてくるんですね。
また、樹木は成長していきます。それで5年後、10年後の話ができる人なのかどうか、今だけの話をしているのかが見えてきます。手入れや世話について、どう考えているかも、これまでの暮らし方が分かりますし、そういうことをちゃんと考えられるかどうかで、庭だけでなく、住まいに対してもどう向き合う人なのかが分かる。「だれが世話するんですか?お金がいるんですか?」って話をされると、この人は「家だけ」建てたいのかな、何のために家を建てるのかなって考えるんです。家だけ建てたいのなら、ハウスメーカーに頼んだほうがよいのではないかと。「本当にこの人のために家をつくったほうがいいのかな」と考える。このようにして、クライアントと自分の接点をさぐっていきます。

伊礼　相手はプロではないので、自分たちが住もうと思っている敷地を読みこなせてない方が多いですよね。それとは関係ない要望をいっぱい書いてくることがある。だから無理やり要望を押し込むのではなく、敷地に合わせて要望を組み替えていくということが、逆に幸せなんだということを最初に伝えます。要望も大事だけど、敷地に合わせて住むことも大事だって。

一方で、ささいなきっかけがあって、設計に発展していくこともあります。ある女性二人のマンガ家の家を設計したことがあって、二人はいっしょに漫画を描いていて、一緒に家を建てて住んでいるんですね。その家は、普通の正方形の敷地なんですが、敷地境界に沿って1.5間の幅でL型の家を建てました。なぜなら、二人は猫を飼っていて、猫にとって一番長い動線をつくったんです。L型にすることで、お互いの居場所の距離もとれました。また、L字にするとどの部屋も日当たりがよくなって、すごく喜んでくれたことがある。このときは猫がきっかけでした。

伊礼事務所に集まり、座談会。竹原さんの熱いトークに聞き入る二人

◎クライアント

身内が増えるようなもの

竹原　40年近くやってきた今だから「クライアントといい関係ができていますよ」って言える。若い頃は、自分がこんな家を建てたいと思う気持ちがばかりが前面に出ていたように思う。少し経験を積んでくると、建築にも優しさが出てきたかな。

中村　竹原さんとぼくは年齢が上がってきているから、ある意味ではやりやすいんだろうね。最近は年上のクライアントはとんと少なくなってきた。自分の子供ぐらいの年齢、20代~30代のクライアントの家を設計していると、甥や姪の家を設計している伯父さんみたいな気持になる。「まあまあ、悪いようにはしないから、ここは伯父さんの言うことを聞いておきなさい」って優しく諭す（笑）。

クライアントと建築家は対立関係じゃないですからね。ひとつの舟に乗り合わせた運命共同体。自分の我を通そうとすると対立が起こるけど、「あなたの家を一生懸命つくっているんだよ」というこちらの気持ちがちゃんと伝わってくれればいいんです。クライアントのほうも「私の家をつくってくれているんだな。プロとしてプライドと信念をかけて取り組んでくれているんだな」と思ってくれればそれでいい。建築家が隙を見て、あるいは言葉巧みに自分の建築的な野心を満足させることをやろうとするからトラブルが起こる。これまでに、そういう不幸な例をたくさん見聞きしてきたけど、大体はクライアントが建築家のひとりよがりの犠牲になっているようだよ。

竹原　建てたときに中学生だった子が、その後、建築学科に進んだ、という嬉しい報告を聞いたことがあります。それだけクライアントと深くかかわるものなんですよね。ときにはクライアントの子どもの結婚式に呼ばれたりします（笑）。住宅をつくるということは、身内が増えるようなものなんですよ。

中村　クライアント全部というわけではないけど、ぼくの場合、建物の完成後も、家族のように、親友のように親しく付き合っているクライアントが多いですね。ある展覧会の打ち上げで、ふと気が付いたらその場にいた全員がクライアントだったってことがある（笑）。家に何かトラブルが起きると連絡があるわけだけど、クライアントにとっては、設計した建築家は住まいの主治医的存在なんだと思うな。

伊礼　もちろん親しくお付き合いが続く人と、だんだん疎遠になっていく人もいます。付き合う人とは一緒によく飲みます。「事務所全員で家に遊びに来て」ってよく言われますね。設計者よりも家を建てた工務店と付き合うというクライアントも多いですね。設計者が信頼している工務店ですから、家のことをよくわかっています。そういったところでケアするということもあります。ぼくはどっちかというとそのタイプかな。工務店の社長や社員の方の家をよく頼まれるのですが、相手がプロだと付き合いは永くなりますね。

好きな映画は？

中村 ———

多すぎて書ききれませんが、25才までに観た映画で今も繰り返し観ている映画を挙げます。「第三の男」「自転車泥棒」「男と女」「2001年宇宙の旅」「ジョンとメリー」「七人の侍」「麦秋」「ミツバチのささやき」

竹原 ———

ジャック タチ監督「プレイタイム」「トラフィック」

伊礼 ———

宮崎駿のアニメ

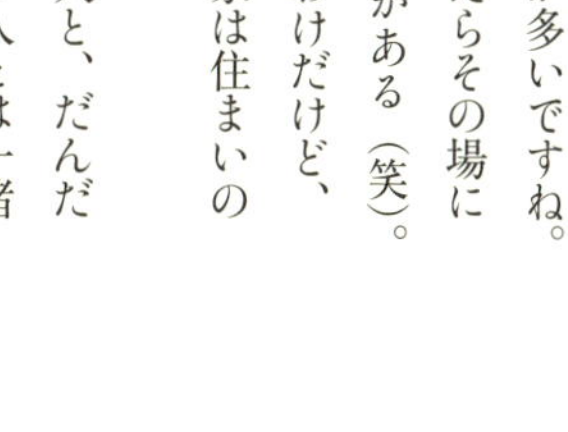

◎ぶつかった「壁」

新進建築家の行方に立ちはだかる壁

中村　ぼくは独立したのが32歳だったけど、独立して3、4年経ったとき、手掛けた住宅を発表したいと思って、新建築社にスライドもって行きました。そうしたら、年若い編集者がパラパラッと見て「お預りして、編集部で検討します」と言ったので置いて帰ったんだけど、どうやらそのまま放っておかれたらしく、何カ月も連絡がなかった。で、編集部に電話して「掲載してもらえないのなら写真を引き上げます」といったところ、やっと「掲載できるかどうか分からないけれど撮影だけはします」ということで撮影してもらいました。でも、撮影後はまた、そのまま放っておかれた。いよいよ業を煮やして「もう、発表は諦めます」と電話したら、急展開で掲載されたと言う経緯があった。それが創設された第1回の吉岡賞をもらうことになる「三谷さんの家」です。結局、スライドを持参してから掲載まで1年半ぐらいかかりました。

「三谷さんの家」は、人がビックリするような新奇性はないし、独創的ではないし、話題性はゼロだしの三拍子揃った雑誌映えのしない住宅だから仕方がないけれど……。それでも呑気な性格で普段はあんまりイライラしない僕が、このときばかりは「ジャーナリズムって嫌な世界だな」と思った。また、自分の目指している普通の住宅は、日本の建築界ではまったく評価されないんだなと思いました。そのことで大きな「壁」に突き当たったように思いました。

竹原　80年代前半だと思いますが、当時ぼくはある程度の年齢にならないと本には掲載されないものだと思っていました。だから、ぼくの仕事は本に掲載されるようなものではないと。ところがある日、新建築から連絡あって、「作品送ってみて」、といわれて持って行ったのです。1983年西明石の家です。当時は新建築の影響が大きかったですね。雑誌に発表するとなんだか一人前になったように思いました。

中村　ぼくの場合、今話した地味な住宅が難産の末にやっと掲載されてみると、今度は編集者のほうから事務所に来てくれるようになって、発表もあまり待たされずにできるようになった。それで都合のいい性格だから「ジャーナリズムも悪くないな」と思った（笑）。2作目を発表したときに、毎年1軒ぐらいは自信をもって発表できる住宅を設計し、それを10年間は続けたいと考えた。10年間で10軒の住宅を発表できたら、自分の目指している住宅がどんなものか、おぼろげながらでも他人様《ひとさま》に分かってもらえるだろうと。レコード大賞は狙わないけど、毎年、それなりに印象に残る曲をリリースする実力派の歌手みたいになりたいと思ったわけ（笑）。そうやって続けていて、9年目に10軒目と11軒目の住宅を発表したんだけど、その2軒が「上総の家」のIとIIで、このふたつを含むそれまでの一連の住宅で、吉田五十八賞※の特別賞というのをもらうことになった。つまり漠然と思い描いていた思惑通りになったわけ。

伊礼　事務所を開いた当時のぼくの一番の悩みは、仕事があるのかどうか、食べていけるかどうかでした。そのうえ、最初に新建築住宅特集に発表した仕事は、まったく反応がなかった。１９９６年独立して、発表したのが２０００年。2作目ヒンプンハウスで手ごたえあって、ちょっと安心しましたが。その後の「9坪の家」は、いろんな雑誌が取り上げてくれました。予算がなくて肩の力を抜いてやったのがよかった。つまり頑張ると空振り（笑）。評判というのは、自分の評価とは違うところがあるのかもしれません。

でも9坪の家は、自分のなかでどこか吹っ切れた住宅になりました。今見るとちょっと変なところがあるんですけど、自分が世に出るきっかけになった住宅であることは違いありません。

ある建築雑誌の編集者が見学会に来て「建築家の小さな家はどこか生活を切り捨てているところがある。しかし、この家は暮らしに必要なものがすべてある。暮らしの本質にかかわること以外の余計な表現が削り落とされた秀作である」と評価してくれたことが嬉しかった。

若い頃というのは、自分は一生懸命やるけど、世の中は認めてくれないというギャップに、みんな悩むわけですよ。だから、こうして評価してもらって、この世界で生きていけるかな、やっていけそうだとほっとしました。頑張って斬新な設計をしなくても、普通に住まい手の暮らしを考えてやっていけばいいんだなと思えたのです。

※吉田五十八賞
建築家・吉田五十八（よしだ・いそや）の功績を記念し、１９７６年に設立された。第１８回まで続き、１９９３年に終了した

◎作風の変化と転機

建築家として〝吹っ切れた〟住宅

中村　「10年1日《いちじつ》のごとく」どころか、30年1日のごとく（笑）。転換期も作風の変化もあまりない、のんべんだらりとしたドラマのない建築家です（笑）

伊礼　（吉岡賞をとった）「三谷さんの家」とかあの辺りは？

中村　今もあの延長線上にいると思う。吉岡賞を貰ったとき、世の中で評価してくれる人もいるんだから、なんとか細々とやっていけそうだなと思ったけど、もちろん確信はなかった。「そうなればいいのに」ぐらい。家柄がいいわけではないし、学閥や人脈のコネはないし、営業をするわけではないしで、ただ依頼の手紙か電話が来るのを待っている所在のない日々。たまに依頼があれば、ローコストだし、狭小敷地だし、斜面だし、要望は山ほどあるし、おまけになにかと難癖を付けてくる隣人がいるし……といった具合で、悪条件ばかり。ただクライアントはみんな魅力的な人たちだった。そのころはよく「悪条件とクライアントに恵まれた建築家」と、自己紹介していました（笑）。

竹原　ぼくは石井事務所に勤めていたときに、「目神山の家1」（1976年）を担当させてもらったときかな。誰も手がつけられないような山の中の急な斜面の敷地を選んで、そこに住宅を建てる。どのようにして施工するのか、とても難しかった。断面図を何枚も描かないと地形が把握できないのです。山の斜面には木がたくさん生えていて、測量もできないようなところにある。平面図と断面図と等高線で平地を生み出し、斜面を削って家をつくっていくというものでした。石が埋まっているので、石を迂回して計画を進めるという特殊な家づくりです。

中村さんの「ルナハウス」もすごく難しいですよ（121ページ）。既存の建物がありながら、もう一回建て直すというのはなかなかできないことです。建物の上からアプローチする建築は難しいのです。地形を生かす建築家というのはそういない。

好きな言葉は？

中村 ―― むずかしいことをやさしく（井上ひさしの言葉）
遊び半分（すべからくそうありたいです）

竹原 ―― アートにひそむ負の想像力

伊礼 ―― 眼を養い、手を練れ（宮脇檀）

「目神山の家1」が完成して、これを超えていくことが大事だと思った。僕の設計じゃないけど、それを一緒にやらせてもらったことは、大きかった。そこから自分のやり方のようなものを考えだした。自分にとって原点となる建築があるから、今いろんなことができるんだなって思います。

伊礼　そういうのはありますよね。丸谷博男さんのところに11年いたんですけど、いちばん印象に残っているのが担当した「吉井町の家」。あそこでやったことは面白かったですね。OMソーラーを屋根とまったくのゾロで納めたいとか、丸谷さんが言いはじめてね。それから、将来の介護を見据えて工夫をしていくとか、集熱効率を上げるための見えないところでの工夫もいろいろやったし、珪藻土の開発もこの家でやった。地味なことばかりだったけど、それが今のベースになっています。

建築家として祝福された瞬間

中村　さっき伊礼くんが「9坪の家」でこれでやっていけると思ったと言っていたけど、ぼくにもそういうことはありました。自分が選んだ住宅設計を生涯にわたってやっていこうと、はっきり意識した瞬間がね。それが「芹ヶ沢の山荘」という小さな山荘。

伊礼　とても光がきれいな家ですよね。それがあの「ルナハット」でも生かされていた（134ページ）。

中村　そう、ルナハットの布天井のルーツです。あの小屋は敷地が急傾斜の北斜面で、日が全然当たらないところだったから、天窓からの光を布で拡散させて、柔らかな自然光を室内に充満させようと思った。ソウルの東大門の市場が布で覆われている様子だとか、四国の金比羅の参道に夏場は可動式のテントがかかっているところとか、スペインでトルドスと呼ばれる街路を覆うテントを見ていて「布で拡散された光はいいな」とずっと思っていたので、「芹ヶ沢の山荘」ではそれをテーマにしたのです。小さな山荘だから、天井を全部布で覆うことができるだろうと思ってね。

　建物がほぼ完成し、いよいよ布天井に取りかかろうとしたらクライアントのご主人が「中村さん、もう、布はいらないよ」と言い出した。総工費900万円の山荘で、骨身を削り、設計料も削って歯を食いしばって頑張ったのは、布の天井を実現させたかったからなのに「いらないよ」はないよねぇ（笑）。「とにかく布天井はぜひやりたいから、自分で費用を出すからやらせて欲しい」と、食い下がりました。

縫製の図面を描いて近所のカーテン屋で縫製してもらい、取り付けは、家具職人の友だちとその弟子と僕の3人でやりました。吹き抜けの天井まで届く長い梯子は工務店から借りたんだけど、作業の二日ぐらい前からどしゃ降りの大雨でね、用意してくれた梯子は雨の中に放り出してあって泥だらけ。その泥だらけの梯子を、寒い中、かじかんだ手に息を吹きかけながら雑巾で綺麗に拭って室内に持ち込んで作業を始めました。吹き抜けがあるので長い梯子の上の作業はまるで消防の出初め式の梯子乗りの曲芸のよう。高いところは平気なほうだけど、落ちたら大怪我ですからね、怖かった（笑）。

そして午前中いっぱいかかって作業に没頭していたら、いつの間にか土砂降りだった雨がやんでいたらしく、やっとの思いで布を全部張り終わったその瞬間に、サァーと陽が射してきて、部屋全体が暖かく柔らかい光に包まれたんだよ。思わず3人で顔を見合せたけど、鳥肌が立つぐらいの感動で言葉も出なかった。かわりに涙があふれ出てきて困った。苦労が報われたんだよね。そのとき、大げさでもなんでもなく「神に祝福された！」と思った。そして、こんな素晴らしい感動が味わえるなら、「生涯、この仕事を続けていこう！」と思ったんです。

竹原　そんな感動があるから、建築はやめられないのよね。

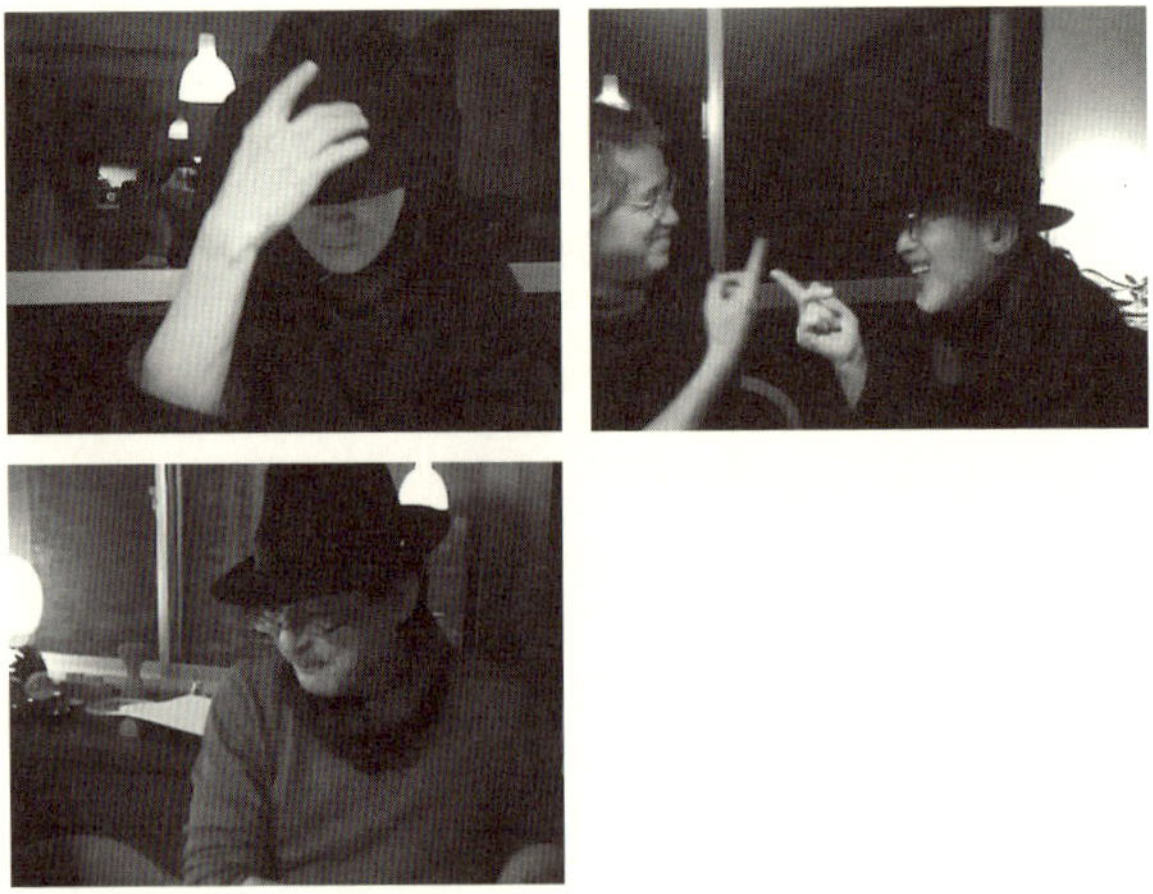

お酒がすすみ、竹原さんの帽子をかぶって遊ぶ中村さんと伊礼さん

◎家と豊かさの関係

大事なのは、精神的な豊かさ

伊礼　ぼくは、東京でやっているせいか、小さい家が多いんですね。延床25坪に4人家族が住むような住宅。少なくとも大きさと豊かさは関係ないかなぁと思っています。天井を低くすることが多いんですけど、高いほうが豊かとも思っていない。学生時代に師である奥村昭雄さんから教わったのは、見えないものをしっかりデザインしろと。それが、豊かさとか気持ち良さにつながる。空気、熱、手触りとか、写真には写らないけれども、とても大事なものがある。そういうものをちゃんと考えないと豊かな家にはならないかなと思っています。

竹原　今は、たくさん物がありすぎて、すぐに飽きてしまい、簡単に捨てられてしまう時代。家も例外ではないでしょう。豊かさとは、今すぐの話ではなく、住まいであれば10年とか、30年とか100年くらい経ったときにどうなっているか。何年経っても、愛着をもって、ずっと守っていけるか、かわいがっていけるか？　愛せない住まいは、悲しくてすべてにおいて豊かではないと思う。

中村　おっしゃるとおり、大事なのは、豊かさとは物質的なものだけではないんだよね。やっぱり心の豊かさ。満ち足りているということ。つまりは「足を知る」ということだよね。「これで良し」と思えることが大事だと思う。背伸びをせず、委縮もせず、地に足がついた暮らしをしていれば、そういう考え方や価値観は自然に身についてくるような気がする。豊かさといえば、ロサンジェルスのケーススタディハウスの小住宅からも、学ぶべきことがたくさんありますね。

竹原　家をつくることに豊かさを求めるのではなく、そこで暮らしながら豊かさを探し出すということが大事だと思います。精神的に豊かになれるかどうかというのは、生活することによって見つけ出すものであって、建築がつくるものではない。自分や家族で見つけるものではないでしょうか。

◎これから

一軒の住宅には世界が詰まっている

中村　人の暮らしとはなんだろう？　人にとって住まいとはなんだろう？　人ってなんだろう？　と考え続けることは、住宅建築家の使命だと思うな。その答えを本の中に求めるのではなく、自分の頭で考える。自分の目で観察して、想像力を働かせることではじめて、人の住まいと暮らしというものがおぼろげながら分かってくる。そしてまた、「人とはなんだろう？」と考えることに立ち返る。人間観察がきっちりできれば、想像力もおのずから育って来るものだと思います。ぼくは、それだけはしっかりやりたいと思う。だんだん歳をとってきたけれど、まだそういう努力を怠らない。仕事をしていく以上、あるいは生きている以上、そのことをやり続けて、それを見極めることが自分の一生の仕事だと思いたいくらいですね。

竹原　建築の仕事ってスパンが長いですよね。だから死ぬまでできるわけで、いつまでも少年のような心でいられるというか、そうありたいと思っています。体は衰えるけど、気持ちは少年のまま。歳をとったって、感動することも、夢もたくさんある。この仕事をして40年経ったけど、まだまだやりたいこともある。ゴールなんて先の話。ほんとこの仕事は長いよ。

中村　とはいえ、われわれふたりはそろそろゴールが見えはじめていますからね（笑）、これからは仕事の数を減らしたいと考えています。できれば、自分でなければできないと思える仕事だけを選んでやりたいな。自転車操業の経営を考えると、そんな呑気なことは言ってられないけど……。

竹原　まったくそうですね。最近は住宅よりも、知的障害者の住まいや小さな子供たちの保育所の仕事が増えました。あとは高齢者施設も。0歳から90歳までの「家」をつくらせてもらっています。そこで思うのは、子ども、障害者、お年寄り、どんな人でも必ず迎える死について。施設や病院とかそういうところで最期を迎えるのではなく、自分の家で亡くなることができる、終の住処はどうあるべきか、ということを考えるようになりました。老いを設計することで、初めて人の暮らしの器である住まいというものが見えてきます。
　そして家主が人生を終えるときに、その家が次世代にどう受け継がれるかということも重要なことです。その家の息子や娘が「この家がほしい！」と思えるような家をつくりたいですね。もしそう言われたら、住宅建築家の冥利に尽きます。

伊礼　自分にしかできない住宅設計に到達できるといいですね。そのためにも、これからの時間は自分と向き合おうと思っています。

中村　この話の最後に、林昌二さんの著書のなかの一節を紹介したいと思います。林昌二さんは、住宅をあまり設計していなかったけれど、林さんのつくる建物には住宅作家の精神が生きていました。住宅というものが、ちゃんと分かっている人でした。林さんはこう書いています。
「住宅を設計する人は、暮らしの細部に興味がなければ、なんの面白みもないと思うんです。暮らしの隅々のことをきちんと暖かく処理するところに住宅の面白さがある。１軒の住宅には世界が詰まっているんです。」

中村好文
竹原義二
伊礼智

あとがき

2年前、鹿児島の工務店ベガハウスの八幡秀樹社長にフォーラム（「はじめに」参照）の書籍化の話をいただいたときから、私の頭の中にはいつもこの3人の住宅建築家がいました。フォーラムに参加したときには「この内容なら、すぐに書籍化できる」と高を括っていたのが、いざ原稿に落とし込もうとすると形にできなくて、考え込んだり、蓋をして漬け込んでみたり、なかなか前に進みませんでした。今思えば、十数年の編集経験だけで、この3人が培ってきた住宅論や設計論を簡単にまとめられるわけがないのです。

ぐずぐずしている私に「座談会をしよう」「見学会をやろう」と助け船を出してくれたのは、中村好文さんでした。助けるというよりも純粋にこの企画を、この本づくりを楽しんでおられたのだと思いますが、3人が集まる機会をつくったことで企画がぐんと前進しました。座談会では、竹原さんが熱い建築論で場を盛り上げ、伊礼さんがそれを分かりやすく掘り下げ、内容は幅も厚みも増していきました。かくして膨大なテープ起こしの原稿が積み上がり…。

ここからはひたすら編集作業と、多忙な3人の先生方とのやりとりの日々。言葉の選び方から表現の仕方、連絡の取り方さえも三人三様。決して順風満帆とは言えない制作工程でしたが、今振り返れば住宅書の編集者として、なんと学びの多い日々だったことか。本書のなかで、伊礼さんが「9坪の家」を、竹原さんが「目神山の家1」を、中村さんが「芹ケ沢の山荘」を「この仕事でやっていこう」と心が定まった住宅にあげていましたが、私にとってこの本が「この仕事でやっていこう」と確信をもてた1冊となりました。

住宅がたくさんの人によって完成するのと同じように、本も多くの人の力によって完成します。企画の発端となったフォーラムを開催し、その書籍化を任せてくれたベガハウスの八幡社長、座談会や取材に同席し、自由奔放な3人の何時間にもわたる会話を原稿に落とし込んでくださったライターの杉本薫さんと金田麦子さん、カバーデザインに迷いが生じ錯綜しかけていたときに、快く題字とイラストを引き受け、3日間で素晴らしい作品を仕上げてくださった望月通陽さん。そして大量の修正・変更の無茶ぶりや、強行スケジュールにも、嫌な顔一つせず、最後まで付き合ってこの本を完成させてくれたデザイナーの川島卓也さん。心から感謝を申し上げます。

愛すべき日本の住宅建築家
中村好文、竹原義二、伊礼智の三人三様の流儀が、
住まいづくりに携わる多くの人の心に届き、
心地よい住まいづくりの連鎖が、
途絶えることなく、
5年先も10年先も続いていきますように。

2016年2月16日　編集者　木藤阿由子

住宅建築家　三人三様の流儀

中村好文
竹原義二
伊礼智

2016年3月2日　初版第一刷発行
2016年3月23日　第二刷発行

著者　中村好文
竹原義二
伊礼智

発行者　澤井聖一

発行所　株式会社エクスナレッジ
〒106-0032
東京都港区六本木7-2-26
http://www.xknowledge.co.jp/

編集　FAX　03-3403-1828
info@xknowledge.co.jp

販売　TEL　03-3403-1321
FAX　03-3403-1829

[無断転載の禁止]
本誌掲載記事（本文、図表、イラストなど）を当社および著作権者の承諾なしに無断で転載（翻訳、複写、データベースへの入力、インターネットでの掲載など）することを禁じます。